2009年北京市精品教材立项项目

教育部人文社会科学研究青年基金项目（10YJC880006）

北京市教育委员会人才强教深化计划中青年骨干人才资助项目（PHR201108336）

BEIJINGSHIJINGPINJIAOCAILIXIANGXIANGMU

人力资源经济学

边文霞　编著

RENLI ZIYUAN JINGJIXUE

中国劳动社会保障出版社

图书在版编目(CIP)数据

人力资源经济学/边文霞编著. —北京：中国劳动社会保障出版社，2012
ISBN 978-7-5045-9906-3

Ⅰ.①人… Ⅱ.①边… Ⅲ.①人力资源-经济理论-教材 Ⅳ.①F240

中国版本图书馆 CIP 数据核字(2012)第 215775 号

中国劳动社会保障出版社出版发行

（北京市惠新东街 1 号　邮政编码：100029）

出 版 人：张梦欣

*

北京隆昌伟业印刷有限公司印刷装订　新华书店经销

787 毫米×960 毫米　16 开本　11.25 印张　195 千字

2012 年 9 月第 1 版　2012 年 9 月第 1 次印刷

定价：26.00 元

读者服务部电话：010－64929211/64921644/84643933

发行部电话：010－64961894

出版社网址：http://www.class.com.cn

前　言

从西方古典经济学、现代经济学到当代经济学理论发展的轨迹看，早期西方经济学理论十分强调物质资本在经济发展中的重要作用，而忽视人力资源的重要性。20世纪60年代中期，西方经济学家开始注重人力资源对经济发展战略意义的研究，甚至有些人把它看做是经济发展的决定因素。西方经济学家加里·贝克尔（Gary S. Becker）由于将经济学理论应用到人力资本等领域而登上了1992年诺贝尔经济学奖的领奖台。

在贝克尔看来，经济学作为一门科学，其研究方法虽然发端于人类对经济问题的思考，但却可以被应用到人文科学的任何一个领域。认为只要一种资源有多种用途，而它本身又是稀缺的，那么，有关这种资源的分配和选择问题，便可以纳入经济学的范畴，均可以用经济学的方法加以研究。由此，“人力资源经济学”作为一门崭新的经济学分支学科，作为企业内部人力资源管理行为剖析角度之一，越来越受到学者们的关注，其中，斯坦福大学的爱德华·拉泽尔（Edward P. Lazaer）教授作为该领域的先驱和开拓者，对人力资源经济学的内涵做了明确界定，即人力资源经济学是用经济学方法来理解并解释企业人力资源管理中的选、育、用、留的行为与策略的一门学科。

本书部分内容借鉴了笔者2005年的博士学位论文部分模型，选用了笔者作为课题骨干成员参与的2002年北京市软科学项目“适应北京市高科技产业发展的人才激励机制研究”（主持人文魁教授、吴冬梅教授）的部分研究成果，作为主持人的2010年教育部人文社会科学研究青年基金项目（10YJC880006）与2011年北京市教育委员会人才强教深化计划中青年骨干人才资助项目（PHR201108336）的部分研究成果。

本书由五部分内容构成。

第一部分为第一章导论，界定人力资源经济学的内涵，在对人力资源经济学与人力资源管理学的异同比较基础上，对人力资源经济学的主要理论作初步介绍。

第二部分为第二章与第三章人力资源价值，在对人力资源思想脉络梳理过程中，重点讲述了人力资源价值计量与其投资价值分析，人力资本参与企业收益分配的方式分析。

第三部分为第四章与第五章，从经济学角度来剖析人力资源供求决策，重点介绍人力资源需求当期模型与多期模型，人力资源供给决策中的职业选择与工作搜寻理论。

第四部分为第六章，从经济学角度来剖析内部劳动力市场存在的必要性，在与外部劳动力市场比较基础上，重点介绍内部劳动力市场运行机制及其资源配置方式。

第五部分为第七章到第八章，重点介绍劳动合同签订过程中的人力资源供求双方博弈策略和对人力资源供给者薪酬激励策略。

本教材可作为人力资源管理专业研究生教材和大学本科高等级教材。在写作过程中，笔者参阅了大量的国内外资料，大多作为脚注列示。不过，由于作者水平有限，本书一定还存在很多缺点和不足，敬请广大读者批评和指正！

联系邮箱为 bianwenxia@cueb. edu. cn

边文霞

目　录

第一章　人力资源经济学导论 ……………………………………（1）

章首案例：人力资源经济学内涵——由“少年与老板间的距离”想到的 ……………………………………（1）

一、中国人力资源管理部组织地位的演变分析 ……………………（1）

二、人力资源经济学的概念界定与基本前提 ………………………（5）

三、人力资源经济学与人力资源管理学的比较 ……………………（10）

四、人力资源经济学主要理论成果简介 ……………………………（15）

第二章　人力资源思想脉络与其成本—效益评估 ………………（21）

章首案例：一只酒杯引发的破产 ……………………………………（21）

一、人力资源的思想脉络 ……………………………………………（21）

二、人力资源的成本—效益评估 ……………………………………（25）

三、人力资源价值计量的方法 ………………………………………（33）

第三章　人力资本理论 ……………………………………………（40）

章首案例：“量身定做”人力资本投资方案的启示 ………………（40）

一、人力资本的内涵及其特点 ………………………………………（42）

二、人力资本的所有权分析 …………………………………………（44）

三、经济学视角下的价值分配理论与人力资本定价 ………………（45）

四、人力资本参与企业收益分配的方式 ……………………………（53）

第四章　人力资源需求决策 ……………………………………………………（57）

章首案例：中国大学生供求失衡现象的思索 ……………………（57）

一、人力资源需求的内涵 ……………………………………………（58）

二、人力资源需求当期决策模型 ……………………………………（59）

三、人力资源需求多期决策模型 ……………………………………（67）

第五章　人力资源供给决策 ……………………………………………………（74）

章首案例：从无领到金领的职业选择 ……………………………（74）

一、人力资源供给的内涵 ……………………………………………（75）

二、人力资源供给假设与人力资源供给变动规律 ………………（75）

三、人力资源供给决策：职业选择 …………………………………（79）

四、人力资源供给决策：工作搜寻 …………………………………（93）

第六章　内部劳动力市场 ………………………………………………………（111）

章首案例：中国高校“非升即走”的人事改革 ……………………（111）

一、内部劳动力市场的内涵 …………………………………………（113）

二、内部劳动力市场与外部劳动力市场的联系与区别 …………（116）

三、内部劳动力市场运行机制 ………………………………………（117）

四、内部劳动力市场中的资源配置方式 ……………………………（121）

第七章　人力资源供求双方签订劳动合同博弈分析 …………………（126）

章首案例：华为公司辞职门引发的思考 ……………………………（126）

一、完全信息静态博弈分析 …………………………………………（127）

二、不完全信息静态博弈分析 ………………………………………（130）

三、完全信息动态博弈分析 …………………………………………（130）

四、不完全信息动态博弈分析 ………………………………………（133）

五、基于心理契约的人力资源供求博弈模型分析 ………………（136）

第八章　人力资源供给者的薪酬激励方案 …………………………（141）
章首案例：变味的股权激励 ……………………………………（141）
一、整体薪酬与人力资源薪酬模式 ………………………………（143）
二、人力资源激励体系 ……………………………………………（150）
三、特殊人力资源供给者薪酬激励 ………………………………（159）
四、福利激励方案 …………………………………………………（165）

参考文献 ……………………………………………………………（170）

第一章 人力资源经济学导论

章首案例：人力资源经济学内涵——由“少年与老板间的距离”想到的

一位成功商人到一个偏僻的山村度假，遇见一个敦厚的少年，决心带他出去闯闯。商人问少年想不想将来当大老板，少年说不想，因为他不知道什么是老板。商人耐心向他解释什么是老板，并循循善诱，说了许多当老板的好处。少年心动，随商人离开了小山村。

过了半年，少年说自己想当老板，商人问他知不知道老板要做什么，少年回答：“在大办公室里签字，坐高级轿车去吃饭。”商人觉得很失败，认为是自己教导不够，从此让少年跟随自己，亲眼目睹老板要做些什么。

又过了半年，少年再次提出自己想当老板，商人又问了同样的问题，少年朗朗而答：“老板就是boss，要分析信息、进行决策、制订计划、组织资源、领导员工、监督执行、协调内部、联系外界、处理突发事件……”少年足足说了半小时，商人认为少年已很清楚一个老板的工作内容，便将一个子公司交给少年经营管理。

然而不到一年，子公司不得不宣布停业整顿。商人质问少年，你不是知道应该做些什么吗？少年怯懦地说：“我只知道要做什么，但我并不知道该如何去做呀。”商人顿时醒悟，要将一个无知少年变成一个成功的老板，必须让他知道老板是什么、要做什么以及如何去做。

世间道理相通，如果您想成功应用人力资源经济学去分析问题，也应先了解这三个方面的内容，即人力资源经济学是什么，人力资源经济学要做什么，人力资源经济学如何去应用。

一、中国人力资源管理部组织地位的演变分析

中国的人力资源管理开始于20世纪90年代初，极为典型的标志是大量的西方人力资源管理的著作被引进，其中发行最为广泛的是加里·德斯勒所著的《人力资源管理》。该书被清华大学出版社、中国人民大学出版社以英文和中译本交替出版

了 6～11 个版次，反响如潮。

特别是加里·德斯勒“人高于一切”的价值观逐渐被理论界和实践界所接纳，此观点主要两大核心内容是：

第一，人力资源管理是每一位管理者的职责，而不单单是人力资源管理部门的事。凡是管理者，都需要在人力资源管理观念和管理技巧上具有扎实的功底。

第二，赢得雇员的献身精神是人力资源管理成功的基石，而企业整个人力资源管理的实践，都确实非常有助于雇员献身精神的培养。

对于中国政府而言，自 20 世纪 70 年代末的改革开放以来，坚持以人为本，努力为实现人的全面发展创造了良好的环境和条件，如积极贯彻“尊重劳动、尊重知识、尊重人才、尊重创造”的方针，制定各种解决就业问题和发展教育、科技、文化、卫生、社会保障事业的政策措施。

为什么政府、社会及学者对“人才发展”及“人才管理”如此重视呢?

这是因为，快速变化的顾客需求、迅猛发展的技术变革、锐不可当的全球经济一体化，企业所拥有的资金、规模、技术等优势都将是非常短暂的，只有持续构筑人力资源竞争力，企业才能基业长青！由此带来的是中国人力资源管理部门地位被提升到历史上从未有过的战略高度。

（一）传统人事部“尴尬”的组织地位

在许多人的印象中，传统“人事部”是既不懂技术又不懂管理的部门，有时也被称为“公司不管部”（corporate attic①）。这个部门甚至都不用关心企业（此处泛指单位）业务的发展状况，但其正常运转却需要企业给予财力支持。

而身处其中的人事干部，却有一肚子苦水无法向外倾诉。尽管在“薪酬、招聘、考核、激励”制度的完善上做着不懈的努力，但常常被其他职能部门或员工横加指责。另外，他们也无法描述出这个部门对公司的价值增值到底作出怎样的贡献，以及他们在企业的经营战略中究竟发挥着什么样的作用。

传统人事部之所以遭遇这种“尴尬”，需从其自身的工作性质及外部环境的变化来分析原因。

1. 管理工作量化难

人事管理的量化工作非常困难。这是由于人力资源的开发和管理本身并非是一

---

① attic 是顶楼、阁楼之意，一般用做储藏室，形容当某项任务未能被明确分配给其他任何部门时，通常意味着分配给人事部。

种严格的、容易量化的经济行为，这也使得经济学原理在人力资源管理工作的量化上显得无用武之地，更不用说去找出存在于人力资源管理职能与企业最终目标之间清晰的函数关系。

2. 人性管理的复杂性

人事部门的工作对象是人，而人是最复杂的。在人类管理思想的发展过程中，形成了许多人性假设。这些假设认为，人是勤奋的或懒惰的、是性善的或性恶的、是自律的或他律的、是适应可变的或本性难移的。这就决定了人的思想、行为、言语千差万别，人力资源管理自然成为一门难度最大的学问。

3. 多方利益纠结与平衡难

传统人事部门职能为“招聘管理与薪酬管理”，而这些职能将直接与各方利益主体打交道，这些利益主体有股东、经营管理者、员工、客户、监管当局、社会等。不同的利益主体之间，或同一利益主体之间，都会有这样或那样的矛盾或冲突，人事部门正是在企业中扮演着平衡、满足不同利益主体的重要角色。比如，薪酬政策连接着股东、经营者、员工之间或不同部门、不同岗位员工之间的利益，这必然决定了人事部门工作的复杂性和高难度。

早在20世纪90年代，美国密歇根大学罗斯商学院教授，被誉为现代人力资源管理之父的戴维·尤里奇（David Ulrich）说：“什么样的公司能赢？不是靠成本领先，也不是靠产品特色，在这个不断变化着的高科技驱使下的商业环境中，发现和留住人才将成为竞争的重点。”正如体育团体积极网罗最佳人才而展开激烈的竞争一样，成功的商家将是那些善于吸引、发展和留住具备必要技能和经验人才的人。

若人事部门都将大部分时间用于日常性、事务性的工作管理，而根本没有时间来研究、预测、分析和规划企业的人力资源问题，这样的人事部自然毫无效率和业绩可言，也谈不上在组织中的核心战略地位。

（二）现代人力资源部的“战略”地位

随着人力资源管理思想逐渐深入人心，人事部门被更名为人力资源部。此次更名的重大意义在于，整个企业全部运作的环节都离不开人力资源部工作的配合，否则，整个企业将很难运营下去。人力资源部管理功能从过去只对最终结果的管理转向了对全部过程的管理，主要表现为以下五个方面的实质转变。

1. 管理重心转变：从见事不见人到人事相宜

人事管理就是对人的“事情”的管理，也就是管理“人”的“事”，因此，它只管事，不管人，是一种静态管理。而人力资源管理是对人的劳动能力的管理，由于人力资源的“不可剥夺性、可再生性、时代性、能动性、时效性、磨益性、增值性”等特点，因此，在追求“事”的高效完成的同时，还对“人”的全面发展进行有效管理。

此次部门名称的改变，由表及里均有重大突破，表现在：部门职能从片面追求“事”的静态控制，转变至追求“人”的全面发展和“事”的高效完成的动态管理，以达人岗匹配之效果，进而达到全面提升企业生产经营效率的目标。

2. 管理价值转变：从行政事务部到绩效部

人力资源部通过对人与人、事与事、人与事三者之间相互关系的协调管理，特别是通过出台一系列激励政策，给员工创造出一个催人向上、奋发图强的组织环境，并能有效激发员工的工作积极性、主动性，从而推动企业生产效率的提升，进而为企业创造出经济效益。

正如同样一块铁，既可以锈蚀消损，也可以百炼成钢，为什么？是由于“风吹雨打”或“炉火熊熊”，置放环境不同；同样一个人，既可以庸碌无为，也可以成就大事，为什么？是由于“松散懈怠”或“紧张有序”，所处环境不同。

3. 管理理念转变：从权力中心到服务中心

人事管理往往强调“管与被管”的关系，强调“成本与使用工具”的关系，特别要求个人对组织、个人对规章制度的服从，有强烈的“控制”味道，是一个权力中心。

而人力资源管理则强调“人”不仅是要管理，更是要发展，它侧重于把人力当成资源来看待，注重对“人”的保护、引导和开发。此时的组织人事部更多是通过人力资源管理的服务工作，给组织中的各类人员提供一个实现自身价值的发展平台。

这是因为，在现代企业里，人力、物力、财力共同构成企业“三力”，而人力区别于物力、财力的突出特征是可再生、可被挖掘、可持续发展，是一种动态资源。但人力与人力之间也是千差万别的，每一个人都具有不同的个性特征、不同的思想、不同的经历与学识。因此，人力资源管理要强调人性化管理、差异化管理和团队管理。

4. 部门地位转变：从辅助部门到核心部门

很多企业家总爱说这样一句话：我不看中间过程，只看最终结果。这句话听上去很有道理，但是却违背事物的发展规律。就像一个农民说，我撒一把种子到地里，中间过程不管，直到秋后有收成就可以。没有辛勤的管理，就完全没有可能获得好的收成。

当前，人力资源管理从过去只对最终结果的管理转向了对全部过程的管理。这种转变的意义就在于，整个企业全部运作的环节离不开人力资源工作的配合，否则整个企业将很难正常运营下去。

5. 人力资源从业者素质强化：从被动执行到主动出击

21 世纪初期，人力资源管理发展为战略人力资源管理。在人力资源管理时期，人力资源部门的角色更多是强调管自己，不管他人。而在战略人力资源管理时期，人力资源部不仅要把自己的企业管好，还要关注竞争对手，要战胜竞争对手。也就是说，我们要比竞争对手在某一方面领先，从而赢得部分市场竞争优势，进而获得相对比较优势，这就是战略人力资源管理的目标。

此时人力资源部的部门职责及工作内涵悄然地发生着变化，部门政策制订要求更具有前瞻性，部门管理要求更加关注人力资源战略规划。正如万科集团的人力资源总裁解冻将本部门定位于“领跑者的导航员”一样，他说：“如果把行业竞争比喻成一场汽车拉力赛，万科要做中国房地产行业的领跑者，而人力资源管理在万科这辆跑车上的位置就是导航员。”

战略人力资源部的全局性、战略性地位，要求企业经营战役在打响之前，人力的配备、组织结构的调整、内部管理流程的部署都需要人力资源部从业者第一时间创造思路。正如戴维·尤里奇（David Ulrich，1994）在《人力资源管理新政》中写道：“要满足组织不断增长的期望，人力资源专业人员必须更多地关注其工作的产出，更少地关注仅仅把工作完成。他们必须根据其创造的价值，强有力地表达自己的角色（作用）。”

2007 年 1 月 18 日，戴维·尤里奇首度访华，讲到他的最新研究成果时说：“只有大约 50%的企业绩效处于管理层的控制之内，其他 50%可能是源自政府、天气等不可控的因素。而在可控的企业绩效里，19%取决于人力资源从业人员的素质。显然，提高人力资源从业人员的素质，已经成为提高企业绩效的一个捷径。”

人力资源部门要真正成为企业战略伙伴的话应有两个最基本的标志：第一个标志是你能不能影响和参与企业的战略决策；第二个标志是你能不能驱动并支撑企业的战略落地。

第一个标志说的是人力资源部门能不能通过人力资源的解决方案影响企业的高层决策，甚至参与企业的战略决策；第二个标志指的是在企业战略落地的过程中，通过什么样的人力资源解决方案可以支撑一个企业战略目标的执行。

二、人力资源经济学的概念界定与基本前提

中国在进入市场化的改革以后，企业内部关于对“人”的认识和管理发生了巨

大的变化。随着“人力资源”概念的引入，无论是管理学界还是企业界都对这一崭新的理念感兴趣。人力资源管理也越来越受到人们的重视，同时其价值在理论研究和实践推广中也逐渐得到证实。特别是当代科学发展的趋势是既不断分化又相互渗透，因此对“人力资源管理”的研究，不可避免地要借鉴和吸收其他学科中与之相关的理论，其研究方法更是取自于管理学、心理学、经济学、社会学、教育学等学科。

由于人力资源管理包含诸如心理学、组织行为学、管理科学等多个领域的内容，一直未能找到一个有效系统的学科作为其理论基础，因此学术界认为人力资源管理是缺乏理论支撑和充分论证的领域。但是，近年来，随着人力资源管理经济学的兴起，情况已经发生了很大的转变。由于经济学方法的引入，人力资源管理中许多模糊不清的问题已经具有了明晰的答案。

人力资源管理经济学在拉泽尔（Lazear，1999）看来[①]，就是用经济学的方法来理解企业内部的工作（主要是人力资源管理工作）。在过去十余年的时间里，人力资源管理经济学的地位得到了不断的提升。但对于中国人而言，它仍然是一个非常陌生的领域。

（一）人力资源经济学概念界定

1. 人力资源问题是一个经济学的范畴

从西方古典经济学、现代经济学到当代经济学理论发展的轨迹看，早期西方经济学理论十分强调物质资本在经济发展中的重要作用，而忽视人力资源的重要性。20 世纪 60 年代中期，西方经济学家开始注重人力资源对经济发展战略意义的研究，甚至有些人把它看做是经济发展的决定因素。西方经济学家加里·贝克尔（Gary S. Becker）由于将经济学理论应用到人力资本等领域而登上了 1992 年诺贝尔经济学奖的领奖台。在贝克尔看来，作为一门科学，经济学的研究方法虽然发端于人类对经济问题的思考，但却可以被应用到社会科学的任何一个领域。他认为只要一种资源有多种用途，而它本身又是稀缺的，那么，有关这种资源的分配和选择问题，便可以纳入经济学的范畴，均可以用经济学的方法加以研究。

2. 资本由物质资本与人力资本共同构成

现代人力资源理论起源于第一次世界大战期间。第二次世界大战以后，西方国

---

① 爱德华·拉泽尔（Edward P. Lazear，1948）是美国国家科学院院士，评估委员会成员，美国人文科学院院士，《劳动经济学杂志》创刊人和首任主编，美国劳动经济学会前会长（1998），美国政府雇员工资管理委员会咨询顾问。他还担任过罗马尼亚、俄罗斯 、乌克兰和格鲁吉亚等国家的经济改革顾问。

家的一些大公司逐渐认识到对人员的培养能够有效地增加公司的效益。美国芝加哥大学教授、人力资本理论的创立者、1979 年诺贝尔经济学奖获得者西奥多·舒尔茨（T. W. Schultz）认为“人力资本的积累是社会经济增长的源泉”。这是因为，人力资本投资收益率超过物力资本投资收益率；人力资本在各个生产要素之间发挥着相互替代和相互补充的作用。他运用自创的“经济增长余数分析法”，测算了美国 1929—1957 年国民经济增长额中约有 33%是由教育形成的人力资本作出的贡献。

在传统的西方经济理论中，资本一般仅仅是指处于生产过程中的厂房、机器设备、存货等各种有形的物质生产要素，而由舒尔茨和贝克尔等一些经济学家在 20 世纪 60 年代创立的人力资本理论却认为，上述资本的概念是不完整的，它实际上只是物质资本的范畴，完整的资本概念应该包括物质资本和人力资本。在他们看来，所谓人力资本就是体现在劳动者身上的资本，也即是对劳动者进行普通教育、职业培训、继续教育等支出（直接成本）和其在接受教育时放弃的工作收入（机会成本）等价值在劳动者身上的加总，它的表现形式就是蕴涵于人自身中的各种生产知识、劳动技能和健康素质的存量总和。

与传统的观点认为用于劳动者接受教育和提高健康水平的支出是消费支出不同，人力资本理论则指出这是一种和投资于物质建设一样的投资，它的目的和结果也是用减少现期消费来增加未来的生产能力，以期取得更多的经济收益。由于人在生产过程中所特有的能动性，劳动者的生产潜力要远远大于其他物质要素，因而人力资本投资对提高下一期的产出效果是极其重要的，其收益往往大于投资于物质资本的收益水平，从宏观的角度看更是如此。根据舒尔茨的分析，对人力资本的投资包括用于教育和培训的支出、用于保健方面的支出、用于劳动力国内流动的支出和用于移民入境的支出。其中，教育投资是最重要、最基本的人力资本投资，这种投资可以转化为知识的存量，从而提高人口的智力、知识和技术水平。其目的是为了获得潜在的生产能力，以便为将来的生产活动作出贡献。

3. 什么是人力资源经济学

作为一门崭新的经济学分支学科，人力资源经济学主要是用经济学的方法研究人力资源管理领域中的选人、录人、用人、裁人、绩效考核、职位升迁、培训以及薪酬管理等问题。换言之，人力资源经济学是用经济学的方法来解析企业内部的工作（主要是人力资源管理工作），比如内部劳动力市场、激励、工资报酬、晋升、绩效评估、招募、流动等。这是拉泽尔对人力资源经济学所下的定义。

拉泽尔教授是人力资源经济学领域的先驱者和开拓者，至今仍是该领域的权威。他现任斯坦福大学教授，对人力资源经济学感兴趣是他从芝加哥大学的经济系转入商学院的时候。当时，他发现那些关注于工商管理的学生，对传统的劳动经济学远不如对组织行为课程那样有兴趣。而在他自己看来，恰恰是经济学提供了严格的以及在许多情况下比社会学和心理学方法能更好地思考并解决某些人力资源问题的工具方法，尤其是那些关于工资报酬、流动和激励的问题，天然就是经济学的问题。另外，尽管那些与工作的非货币化方面相联系的问题，如规范、团队和同僚关系看来是非经济学的，却同样能够用经济学来推导说明。在这个信念的指导下，拉泽尔开始了他意义深远的研究工作。他在后来持续进行的研究工作奠定了他在这一领域开拓者和集大成者的地位，也使他跨入了著名经济学家的行列。他于 1995 年出版的《人事管理经济学》一书标志着这一领域基本理论体系已经建立起来。而在拉泽尔（1998）的著作里几乎囊括了人力资源管理的所有重要问题，包括雇员招募、报酬结构、人力资本、流动、信号、晋升、激励、团队、福利、考评、授权等。

（二）人力资源经济学基本前提假设

1. 假设一：人力资源是有限的

经济学认为，任何生产要素都是有限的，不仅指物的要素，也包括人的要素。在现代劳动力市场上，经常看到的现象是：低教育水平、低技术的“劳动力”往往“供大于求”，而高教育水平、高技术的“人才”往往“供不应求”。具体表现为企业用工荒与员工就业难现象并存。

另外，人力资源的有限性主要来自于时间的有限性。在企业中，“人”不同于“人的要素”（“要素”前“人的”意指以区别于“物的”要素），前者主要指生物学和社会学意义上的“人”，后者指作为一种经济资源的劳动力。因此，企业组织中的“人”具有双重角色，一是劳动力要素所有者意义上的人，二是生物学和社会学意义上的人。

因此，人力资源的有限性一方面是指人的寿命是有限的，另一方面是指人的工作时间是有限的。这是因为任何人的工作时间一周不超过 24×7＝168 小时（一个人最多能拥有的时间）。由于人力资源是一种可再生的资源，但是为了再生资源，人们需要休息和娱乐，如 8 小时睡眠和 3～5 小时的用餐、休息时间。因此，人们真正用于工作的时间一般为一天 12 小时。

2. 假设二：人力资源是稀缺的

即使存在失业、贫困和收入差距，劳动仍然不像空气一样随手可取；相反，使用他人的劳动，就必须付出相应的报酬。因此，劳动是一种与土地和资本一样具有稀缺性的资源。这与全世界范围内普遍存在的失业和就业不足现象（劳动力资源闲置）并不矛盾。这是因为闲置的资源也不是可以无偿使用的，更为重要的是，即使部分资源被闲置，也并不意味着已经得到利用的资源价格会降低。

如果一种资源的价格不能有效地降低，对这种资源的使用量就很难扩大，对于人力资源来说也是一样。资源的价格不能有效降低的现象常常被称为价格的黏性（stickiness）。人力资源的特殊性在于，劳动力价格（工资）的黏性与劳动力市场的许多复杂性和特殊性有关，而这又恰恰是人力资源经济学成为独立的经济学分支学科的重要原因。

3. 假设三：企业和个人都是理性的

企业是人力资源的需求者，而个人是人力资源的供给者。这里所说的理性，是指企业和个人都是遵循一定的原则而行事；而且企业与个人的行为应是前后一致的，也就是说经过计算和比较后，如果一个企业或个人决定行为 A 能够最大化利润或效用，那么在任何一个时间点上，当企业与个人再作相同选择时，他们仍会选 A。另外，行为理性还意味着信息的充分性。也就是说，在进行决策时，企业与个人会努力收集信息和利用信息以得出最佳的行动方案。

现代经济学认为，人们从事经济活动的根本目的是“增进个人利益”，即“个人生活权利的扩张才是社会经济发展的原动力”。马克思在谈到社会发展动力时也曾经说过“需要是伟大的动力”。西方经济学家马斯洛就是从需求理论出发，对人的不同需求进行了研究，从而提出了人的需求层次论。公共选择理论从“经济人”的假设出发，认为自私行为是普遍的，市场经济是一种能够成功运作的秩序，自利的个人都能从市场交换中获利。

从以上观点我们就可以得出这样的结论：人力资源转化为人力资本，人力资本转化为资本效益的原动力，就是以个人利己性需求为前提，其实现途径就是市场经济的规则。

4. 假设四：利润最大化决定人力资源的需求

这点假设说明，企业对人力资源的需求是由利润最大化决定的。也即，企业雇佣多少人，雇佣什么样的人，最终所要实现的目标是企业利润最大化。而在产量一定的条件下，利润最大化等同于成本最小化。因此，企业把追求利润最大化或成本最小化作为一般行为准则。

5. 假设五：效用最大化决定人力资源的供给

由于劳动者是人力资源的供给者，而劳动者决定人力资源的供给量，包括劳动者是否进入劳动力市场，以及进入劳动力市场后能提供多大量的劳动能力，这些均由劳动者效用最大化所决定。

每一个劳动者都有一个效用方程，劳动者的效用就是指劳动者的心理满意程度，一般受劳动者的休息娱乐时间和收入水平所决定。这两个决定因素之间存在着互相替代的关系，即劳动者希望享有更高的收入水平，他们就需要工作更长时间，从而就降低休息娱乐时间；另一方面，如果劳动者希望能够消费更多的休息娱乐时间，那么他们就降低工作时间，从而降低其收入水平。

三、人力资源经济学与人力资源管理学的比较

人力资源管理实践的复杂性，决定了人力资源管理的研究应该是多学科化的，而管理学和经济学本身就有着天然的联系。两者对人力资源管理的研究，充分利用了它们之间的异同，发挥了巨大的作用。本部分将重点分析人力资源经济学与人力资源管理学之间的内在联系与区别。

（一）研究视角比较

用管理学和经济学方法对人力资源管理进行研究，必然引入对“人力资源”和“人力资本”两个跨学科概念的比较。在这种对比中，可以从另外一方面看出管理学和经济学研究视角的区别和联系。

1. “资源”与“资本”概念属性的比较

资源和资本是两个完全不同的概念。广义而言，资源是人类在生产、生活和其他社会活动中可直接或间接地加以利用的各种投入要素的总称，包括天然的自然资源和人生产出来的可用于人类活动中的各种要素，如机器设备、货币资金等。狭义而言，资源是指可利用的生产要素的最终来源，即未经人类劳动加工过滤的自然物质，包括自然资源和人力资源两大类。

资源，简言之，即资财的来源，是人类生存和社会发展的基础，是可用的东西或原始的物资；而资本是一种社会状态，是一无形物，资本可以积累、需要经营，既会随社会环境和历史条件而改变或丧失，也会当条件恢复时再次重建。资本可以带来剩余价值，能够计算，不可与所有者分离而且无法共享，但是可以发生转移或转让。

资本具有三种最基本形态，即自然资本、物质资本和人力资本。在人类社会早期，资本的主要形式是自然资本；随着人类社会的发展，资本向物质资本形式发展；在20世纪，人力资本的比重越来越大，日益成为主要的资本形式。但无论何种资本形式，都具有资本的最一般规定性。

对于“资源”与“资本”的差异，可以从一个实例入手。

2000年北京出现了11次沙尘暴天气，科学家发现沙尘主要来自内蒙古，内蒙古草原的沙化是根本原因之一。而草原沙化的一个重要原因则在于，草原作为畜牧资源被过度利用而缺少养护。

改革开放以后，内蒙古的畜牧业开始打破“大锅饭”，转而采取类似于种植业“包产到户”的政策。但不同的是，农民不仅得到了庄稼的产权，也得到了土地的使用权；而牧民只得到了畜群的产权，牧场的产权（包括其中的使用权）则完全归“国家所有”。这样的政策导致牧民只在乎放牧的直接收益，而不考虑草场的“成本”。换言之，对于牧民来说，草场只是可利用的资源（而非资本），草场的损益与牧民没有直接的利害关系。牧民在决定是否扩大它的畜群时，只需要考虑边际收入是否大于每只牲畜的单位变动成本即可，即当“边际收入＞单位变动成本”时，牧民就有扩大畜群的动力。事实正是如此，它的后果是草场的严重退化和不可持续发展。

因此，有经济学家建议吸取农业的经验，把草场的使用权从国家下放到牧民，将草场从牧民的“外部性”资源变为牧民的“内部性”资本。如此，在牧民的成本支出中就会多出一个固定成本（草场的成本），牧民在计算他的投入产出时就必须考虑草场损失的机会成本和可持续发展的问题，即只有当“边际收入＞边际成本（包括边际固定成本）＋机会成本”的时候，他才会有扩大畜群的动力。从而实现了社会资源的优化配置。

当前，内蒙古采纳农业田地包产到户的做法，将草场包产到牧民手中，牧民随即用“网围栏”方式划分地盘，打破了草原上五畜（山羊、绵羊、牛、马、骆驼）共生状态，对于尝百草才能得以健康成长的畜群而言，其生存条件每况愈下。而打破“网围栏式草场保护”还需要一个更高层面的制度设计，在此不做讨论。

2. 人力资本与人力资源的区别

人力资源概念与人力资本概念有所不同。目前，我们可以把人力资源定义为：包含在人体内的一种生产能力，它是表现在劳动者身上的、以劳动者的数量和质量表示的资源，它对经济起着生产性的作用，使国民收入持续增长，而人力资本是指凝结在劳动者身上的知识、技能和体力（健康状况）及其所表现出来能够带来剩余价值的人的能力的总和。人力资本理论认为，这种能力是生产增长的主要因素，是一种具有经济价值的资本。

人力资源与人力资本的本质区别在于是否用于生产经营。人力资源只有投入生产经营，并带来利润，才能称为人力资本。如果把人力资源比做天然矿石的话，那么人力资本就是经过冶炼的钢铁。从人力资源到人力资本有一个加工冶炼的过程，也即人力资源开发的过程。这个过程需要投资，即是人力资本投资。

人力资本是与物质资本相对的概念，传统的经济学理论只注重物质资本对经济增长的贡献，没有看到人力资本的关键作用。20 世纪 60 年代初出现的人力资本理论认为，把人的知识、技能和能力看做是具有经济价值的资本。因此，对人力投资的终极目的是为了提高人力资源的利用效益。

所以，为了使作为人力资源载体的现实和潜在的劳动者掌握必要的知识、技能，从而提高人力资源素质，需要对“人力”进行投资，也包括劳动者为了追求更好地体现自身所拥有的人力资源价值或获取更满意的收益等目的而在不同地域、不同单位之间流动时所进行的投资。人力资本投资理论突破了传统经济理论对经济增长因素认识上的局限，肯定了人力投资对经济增长的贡献，反映了现代经济发展中科技和教育在人力资本价值形成中的重要作用。

具体而言，人力资源与人力资本有以下两点不同。

（1）内容不同

人力资源与人力资本之间的区别首先在于将“人力”视做“资源”还是“资本”。当企业将人力视为外部的资源时，它不会有动力去考虑员工在为企业做出贡献的同时所付出的时间和精力成本。但若将人力的身份从“资源”转变成“资本”，就可使这种“外部性”经济行为相应地转变为“内部性”的经济行为。也就是说，企业对人力的使用不仅要考虑显性成本（员工工作时间内的付出），也要考虑其隐性成本（员工工作时间外的额外付出）。

将人力从企业的“外部性”资源转化为“内部性”资本对宏观层面上的社会资源配置是有益的。首先，企业会更加集约化地使用劳动力，避免不必要的人力浪费；其次，企业对人力成本的内部消化比靠社会公共支出来消化要经济得多。

（2）侧重点不同

管理学的人性假设从“经济人”发展为“社会人”，进而到“复杂人”。其发展自始至终贯穿着一根主线，那就是每一次理论上的突破都向着更加人性化的方向迈出一步，体现出对人的权利和尊严的尊重。

管理学这种对人权的追随并非是一种偶合，因为它不同于自然科学对自然存在的发掘和解释，而是基于对社会变化的解释。作为社会科学的一部分，管理学内含的价值观必然是社会价值观的一部分，并与整体的发展方向相一致。

“人力资源”的理念承认人力不仅仅是一项成本，其本身就具有价值；而且，其作为价值的意义远远大于作为成本的意义。在承认人的价值上，它实现了具有历史意义的突破；但在对人力的开发利用上，它保持了“人”作为纯粹的、物化了的管理对象的不幸地位。

“人力资本”的出现则在很大程度上改善了这一现象。在实物资本的范畴内，股东通过向企业注入资本，完成了财产所有权向股东权益的转换，并赢得“老板式”的尊重。人力资本也是相似的，它使人向着更受尊重的方向迈出了一大步；而且，虽然它并不能获得真正的股东权益，但有时确实能得到类似于股东权益的东西，比如干股与期权。

这些现象表明，企业的确在考虑人的价值和潜在价值（或者说人的现有价值和长远价值），并以实物资本的形式作出衡量。“人力资本”概念隐含着人的价值、人的付出和所得都将被纳入企业核算和考虑的范畴内。在这种环境下，人不再是纯粹的被管理对象，而在整体上真正成为了企业的一部分。

3. 人力资本和人力资源的联系

人力资源以人力资本为载体实现价值。实际上人力资本与人力资源或劳动力概念是相通的，但人力资源不一定就是人力资本，人力资源只有作为生产的投入要素，并与物质资源相结合产生剩余价值，人力资源才转变为人力资本。

人力资本就是人口质量投资，是一种能力资本、人力素质资本。它主要包括：

第一，教育资本。教育资本主要指用于教育和训练的费用，具体指用于正规初等、中等与高等教育机构的学历教育、在职培训、成人教育与自我学习训练。这些均以培养和提高潜在劳动者和在岗劳动者的工作能力、技术水平和劳动熟练程度为宗旨。

第二，健康资本。健康资本主要指用于医疗卫生保健的费用，以保证劳动力的必要数量和在职劳动力的健康水平。健康资本的意义在于它是其他形式人力资本存在与效能正常发挥的先决条件。

第三，流动资本。流动资本主要指用于劳动力交流时所产生的流动费用，通过人力资源合理调剂和配置，使各地区和各部门的剩余劳动能力能够得以充分利用与发挥。这实际上是一种资源配置资本，它是通过人力资本所有者位置的变化带来收入的增加。

第四，迁移资本。迁移资本主要指用于国外移民入境、智力引进、国际人才吸引流入的费用，以增加本国劳动力和专门人才的数量，提高引进国的人才智力水平。这也是一种资源配置资本，它与其他人力资本所不同的地方，则是迁移资本存在于人体之外，它只是人的空间或社会位置的改变。

第五，文化资本。文化资本主要指经营管理者对错综复杂的经济动态格局作出最佳决策时的精神支持，也即提高企业能力，增强企业精神，夯实企业文化所产生的费用。

（二）研究对象与研究方法比较

人力资源管理学与人力资源经济学的研究共同点：主要围绕激励问题展开，通过各种激励手段提高工作效率，并最终实现组织的经营目的。但是，人力资源经济学与人力资源管理学却在激励研究对象和激励研究方法上有所不同。

1. 激励研究对象不同

从经济学的视角分析激励问题，主要是以契约为研究对象展开的。由于人的有限理性以及其他客观因素的影响，使得契约存在不完整性。而契约，即合同的这种性质造成了激励的产生。因此，用经济学方法对人力资源进行研究，是从激励产生原因的角度，并以契约为基础展开的。

而管理学更倾向于对激励的对象——人本身进行研究。管理学认为，通常情况下，一个人的某种需求如果没有得到满足，那么他会处于一种紧张状态，进而会驱使他去采取某种能够满足其需要的行动。如果目标达到，其紧张程度则会降低。但是，在一个组织中，导致个人紧张程度减轻的行为只有在与组织目标保持一致的情况下才会对组织有利。

2. 激励研究方法不同

经济学对激励的研究主要侧重于制度设计。很多模型的逻辑分析起点是交易双方之间的信息非对称问题。由于信息非对称，可能导致市场失灵。经济学在理论上将信息非对称问题主要归为两类，即逆向选择和道德风险。在契约达成之前存在的逆向选择问题使得企业有可能得不到最适合的人选；道德风险使得在契约形成后，交易一方不努力工作。并基于这种分析，得到激励机制的相应原则，即参与约束原则和激励相容约束原则。管理学中的激励机制是以员工的需求为出发点建立而成的。由于涉及人的需求，也就广泛地采用了心理学的分析方法。

（三）研究内容比较

1. 薪酬问题

薪酬关系到员工的切身利益，薪酬问题处理是否得当，直接关系到员工对工作的满意度和组织绩效。经济学和管理学分别从各自的视角对薪酬理论及其管理实践问题进行了研究，并作出了很大的贡献。

（1）侧重点

经济学的方法是以效率为衡量标准来确定薪酬水平等问题。经济学理论在看待问题的时候更多地依靠市场机制，主要强调和员工创造价值相联系的工资报酬体系，而不是员工福利等其他薪酬问题；而管理学对薪酬问题的研究，则主要从“社会人”假设出发，侧重于研究特定的组织在特定情境中薪酬体系的设计及其随时间的变化。同时，管理学也十分关注员工对薪酬的心理效应，或者说更多地强调公平问题。

(2) 研究方法

在现代经济学体系中，委托代理关系对组织的薪酬系统设计有最直接的影响。在现代公司制度中，所有权和经营权的分离产生了所有者和经营者之间在利益上的不一致性。所有者追求其资本收益的最大化，而经营者则追求个人的地位、声望、个人收入的最大化。由于信息非对称和利益目标的不一致，经营者就有可能采取追求自身利益的机会主义行为。这样委托人就需要涉及一个激励合同，避免道德风险的发生。

2. 招聘、留聘、解聘问题

招募并留住适合公司发展的人才对促进公司维持持续发展和竞争力起着至关重要的作用。公司只有得到合适的人才，才能帮助组织发挥竞争优势。因此，招聘、留聘和解聘问题在人力资源管理的研究中也越来越受到重视。人力资源经济学所关注的招聘问题，是指招聘中的信号传递模型和甄别模型，是围绕如何有效地设计执行合同，避免信息非对称问题展开研究的。信息非对称，阻碍了应征者和雇佣者之间的有效沟通和交流。而信号传递使应征者有可能将可观察到的行动和不可观察到的特征之间形成关联。甄别，使雇主在一定程度上通过设计政策和程序降低了应征者信息少或不真实的可能性。

四、人力资源经济学主要理论成果简介

(一) 职业生涯激励理论

职业生涯激励理论的核心思想是以延期报酬或称报酬后置（delayed payments 或 deferred compensations）作为激励手段。这个理论旨在说明，有些员工已经无法在企业内继续晋升了，他们自己也明白这一点，于是他们就可能变得消极；但是，倘若企业在开始的时候支付他们以低于其所值的工资，而在工作的末期支付高于其所值的工资，陡峭的年龄—工资剖面曲线就可能起到积极的激励效果。

在拉泽尔的研究中，失业不是结果。市场能够出清，因为工人在职业早期通过拿低于边际产品价值的工资换取他们的工作。只要建立了延期报酬的年龄—收入剖面曲线，工人在竞争中就可以预期结果，劳动力市场就能有效率地运作。那种认为效益工资带来失业的观点是没有道理的，因为导致失业的并不是工资中的激励部分，而是工资中的刚性部分。

延期报酬的理论意义就在于可以解释这样一个事实：工资比边际产品增长得更快。而一般的人力资本投资理论是无法解释这一事实的。因为如果培训等人力资本投资是通用的，那么经验—产量曲线的倾斜度将与经验—收入曲线一样；如果培训等人力资本投资是专用的，那么经验—收入曲线应比经验—产量剖面曲线平坦。

（二）锦标赛理论

锦标赛理论（Lazear 和 Rosen，1981）与职业生涯激励理论有一定的关系。该理论认为，与既定晋升相联系的工资增长幅度，会影响到位于该工作等级以下员工的积极性；只要晋升的结果尚未明晰，员工就有动力为获得晋升而努力工作。因此，该理论主张企业通过晋升激励员工。锦标赛理论与职业生涯激励理论有两点主要不同。

第一，是否是个体间的比较。锦标赛理论强调个体之间的相关比较，而职业生涯激励理论不依赖于人与人之间任何形式的比较。

第二，薪酬是否与晋升相关联。锦标赛理论集中于与晋升相联系的报酬变动，而职业生涯激励理论强调激励方案体现为收入增长超过产量增长。两种方案可以在同一企业同时实施。那些与特定岗位结构相联系的薪资级别，可以由锦标赛理论建立模型进行分析。通常情况下，晋升用于激励年轻的管理人员，而对于那些晋升无望的中层管理人员，应采用职业生涯激励方案。

锦标赛理论的提出，是基于员工报酬水平随职位晋升而阶梯式跳跃的事实。这个事实是其他理论无法解释的。譬如，不论职业生涯激励理论还是人力资本理论，都不意味着离散的薪资变动，除非学习过程是间断的。人力资本理论，照字面意义应是工资平滑地增长。同样地，薪资在职业生涯激励理论中也没有理由间断（除非在退休期）。为了解释工资水平的离散跳跃，就有必要求助于锦标赛理论和其他解释（Rosen，1986）。

有不少研究者探讨或检验了锦标赛理论，如 Bull、Schotter 和 Weight（1987），Ehrenbreg 和 Bognanno（1990），Knoeber 和 Walter（1994）等。比较有名的则是 McCue（1996），她用收入动态追踪研究检验了锦标赛理论，发现晋升在解释工资增长时非常重要。McCue 的研究很有启发意义，但却是检验不同企业的工人而得到的结论。拉泽尔（1999）补充了她的方法，检验了一个给定企业（某大型金融服务公司）自 1986 年到 1994 年全部人员（包括 CEO）的薪资数据，拉泽尔得到的结果支持了他的理论。

（三）计时工资与计件工资

人力资源管理经济学最直接的应用是设计激励方案，最典型的一种激励方案就是计件工资。当个人的报酬基于其产出时，他们受到的激励就会与企业的产出结合在一起。当然，在有些情况下，员工的产出可能难以衡量，或者可以衡量但需要付出很高的测度成本，这些困难可能促使企业提供计时工资，即根据员工的时间投入来定义报酬。在企业的产量容易衡量而员工的产量不易衡量的情况下，企业常常会成为一个中介。

有许多文献都曾对报酬确定方法进行了分析，包括 D. G. Johnson，S. Cheung，Stigliz，Rosen 以及 Holmstrom 等人在 20 世纪 50—80 年代的研究。但是，专门应用于员工报酬确定分析的是拉泽尔（1986）作出的。拉泽尔的理论表明，计件工资具有激励员工和筛选员工的作用。但是，一直以来，计件工资的激励功能仅限于理论分析，缺乏实证检验。其主要原因是因为实证检验非常困难。为了做检验工作，就有必要观察不同情况下的工人并比较他们的产出。

但这又存在两个问题：第一，既然在大多数环境下只有一种方案可能是最优的，那么得到最优状态意味着只有一种方案可以观察每个工人，从而又怎么能进行比较呢？第二，在计时工资和计件工资中选择计时工资的主要原因，正是一部分或者所有的产出不能够被完美地观察。这充分表明了检验工作的困难，因为要检验那些不可观察的理论是很困难的。

不过困难并不意味着不能，拉泽尔得到了检验理论的机会。Safelite（一家生产汽车玻璃的企业）进行了一场管理变革，报酬形式从计时工资改变为计件工资。从该企业得到的数据提供了每一个工人产出的细节信息，包括改革以前和改革以后的，因而可以检验拉泽尔（1986）关于计件工资的理论。拉泽尔（1999）的检验工作尽管只运用了一个企业的数据，更像一个案例分析，但是它毕竟揭示了报酬政策在影响产量中的重要性，而且它也证明了用经济学解释真实世界的能力。由理论得到的预测和推论都得到了现实证据的支持。

（四）报酬压缩（pay compression）

工作场所中的竞赛可以激励员工，但是竞赛同样也可能产生消极后果。一种消极后果是，工人相互串谋，都只付出较少的努力，然后在竞赛结果明晰之前就以某种比较平均的方式瓜分奖品；另一种更严重也更可能的负面效应是，工人不是串谋，而是以一种不利于生产率提高的方式展开相互之间的竞争。

任何一个企业，如果根据雇员之间的相互比较来支付工资、福利或者其他津贴，员工都会存在某些不合作的动机。任何时候报酬的各部分都是相互联系的，竞赛的“胜者”和“败者”之间巨大的差额将导致竞争而不是合作的工作环境。那么，有没有办法增进员工的合作呢？有，比如采取紧缩的报酬结构（缩小胜负者之间的报酬差距）就是有力的措施之一。

报酬压缩必须根据某些东西来说明，最好是依据产量。由于 Safelite 数据允许直接检验产量，同时也有详细的报酬信息，检验报酬与产量之间的关系来评估压缩数量是可能的。尽管 Safelite 数据并非为此目的（因为报酬压缩观点的威力主要在于解释团队工作中的个体行为反应；而 Safelite 的安装工人并非团队工作，因此压缩报酬结构的激励可能是不太突出的），不过检验 Safelite 数据仍是有用的。拉泽尔（1999）的结论是，报酬压缩与产量的相关性存在明确的证据，它们或支持或不支持企业压缩工资以图工作场所协调的观点。虽然进一步的实证检验尚有待进行，但应该承认，对于产量来说报酬压缩并非不重要。

（五）规范（norms）

规范被定义为“绝大部分员工所坚持的信仰”。很显然，规范对于企业文化的形成影响重大。规范实际上是员工之间的心理契约。如果其他人工作努力，而某个人工作不努力（但是企业并不能有效监督他），如果没有规范对不努力者实施制裁，那么其他人就很可能仿效不努力者。在这个意义上，规范在工作场所就非常重要。如果违反规范的行为所受到的制裁很轻微，那么规范就可能被破坏。但是作为非正式契约，规范肯定不是直接通过对工人进行报酬奖惩来实施的。那么，究竟是什么充当了规范实施的压力呢？答案是：来自于同事的压力。一个破坏规范的人，很可能被他的同事们批评、疏远、孤立甚至使身心受到伤害。同事的压力越大，则规范越容易实施。而企业也可以采取非员工个人直接金钱报酬的方法来强化规范的实施，比如规定团体的工作定额。

Kandel 和拉泽尔于 1991 年分析了同事压力对产出的影响。Encunosa、Gaynor 和 Rebitzer 在 1997 年检测了医药行业中的同事压力和利润分享。拉泽尔（1999）用 Safelite 数据说明了同事压力的存在，他发现那些不能在计件工资中占优势的工人在报酬方案发生改变时也提高了自己的产量，这可能反映了规范均衡水平的提高。

（六）人力资源管理经济学中的实证研究

早期的人力资源管理经济学一直是理论化的，缺乏实证检验。而拉泽尔（1992）率先提出把注意力转向运用基于工作岗位数据或基于企业数据的实证研究，以及运用一个企业 10 年以上的完整人事记录数据进行追踪研究。这一工作被 Baker、Gibbs 和 Holmstrom（1994）效仿，他们用基于公司的数据做了实证检验工作。拉泽尔（1992）的基调是，将工作岗位当做相关的分析单元，认为这可以引导我们考虑不同问题并运用不同类型的数据系列。

拉泽尔（1999）也对人力资源管理经济学的过去与未来进行了比较全面的思考。当一些微观的企业或工作岗位数据可以得到的时候，一方面我们可能会以对过去的问题作出全部或部分的解释，但另一方面也会提出不少的新问题。事实上，由于人力资源管理经济学是一个全新的领域，要在这一领域提出问题并对回答问题作出贡献是非常可能的事情。拉泽尔（1999，2000）提出了他所认为的一些新发现的问题以及未来需要解决的问题，包括以下七个方面。

1. 相对的与绝对的绩效

锦标赛理论的本质是相对绩效问题。锦标赛理论最直接的检验包括晋升是否是基于相对绩效的检验。理论揭示，考核一个员工或者给他支付报酬，常常会根据他相对于团体中其他成员的绩效来决定。而评估一个工人的相对位置，仅可以通过与他比较的群体数据来进行。在这种情况下，如果员工所在企业的其他工人跟他在同一岗位，则有关的企业数据系列使这种比较成为可能。

2. 工作流动——谁去谁留

尽管有大量关于员工流动的文献，但是基于个人的数据系列无法检验工人在当前企业的状态。企业应该挽留哪些员工，或者鼓励哪些员工离开，什么样的报酬模式有利于形成最佳的流动模式。通过企业数据系列，我们可以观察到员工的流动概率和流动决策，这将有助于建立相关的理论。

最近经历过升迁的员工离开的可能性低于那些未被升迁的员工。这看起来是一个明显的发现，但实际上可能不是。因为晋升也给外部传递了该工人是很有价值的信号（Waldman，1984）。如果所有的人力资本是通用的，可以预期在晋升与离职之间没有关系。因为工人在内部与外部的价值是一样的，当前的企业愿意提供外部竞争者所提供的报酬。不过，只要人力资本是专用的，那么晋升就传递了这样一个信号：该员工更适于留在当前企业。在这样的情况下，晋升将与流动呈负相关。同样的道理，可以考查高绩效工人和低绩效工人的流动情况。有些令人惊奇的是，拉泽尔（1999）在一家金融服务企业的数据系列中发现，员工离职的可能性与雇佣日期呈负相关，越晚进入企业的员工离开企业的可能性越高。

3. 晋升和绩效

晋升者在新岗位的产出会低于其在原岗位的产出吗？彼德原理是否真的存在（即一个人最终会晋升到他不能胜任的职位上去）？有两点理由似乎可使我们相信这是真的：第一，他们在新岗位需要学习新技能；第二，被晋职的人员同时也被放到一个需要更高能力的环境中，比较起他过去的同事来，现在的同事对他并无多少关照。但是，这些问题也可能要联系人力资本的通用或专用属性来考察。目前，对这一问题的理论和实证考察还非常有限。

4. 你最近为我做过什么

那些在以前生产率更高的员工，通常得到更好的待遇。但是也许我们应该问问，这当中会不会有“棘轮效应”？即我们应当关注一下，这些员工最近两年、一年乃至现在，生产率还很高吗？在拉泽尔的个案数据中，说明不存在“棘轮效应”，那些最初表现出更好绩效的员工，仍然表现出更好的绩效。不过，这仍只是一个个案，也许是这个企业重视追问“你最近为我做了什么”的结果。

5. 企业内地位的动力学

绝大部分员工在企业内的相对位置总是稳定的吗？在企业里，究竟是“曾经是明星，永远是明星；曾经失败，永远失败”，还是存在大量的企业内升降或变换？简单的人力资本理论表明，随着经验、资历等的丰富，个人将从低层逐渐向上升迁。但事实上，在有些企业升迁和降职是互相替代的，而在另一些企业却只能升不能降；有些企业员工在企业内流动频繁，而另一些企业员工长期被锁定在某个职位。目前，关于这一问题并没有现存的理论可以运用。

6. 商业环境对员工福利的影响

宏观经济环境如何影响员工的升迁或工资增长？个案表明，企业规模扩张的同时可产生更快的工资增长和更高的晋升率。

7. 企业内部的同盟效应

企业内部的同盟（比如小团体）对企业会有什么样的影响？现在可以得到的结论是，小团体（同盟）对企业产出的影响非常重要而且巨大，即使是在一个给定的企业。

第二章　人力资源思想脉络与其成本—效益评估

章首案例：一只酒杯引发的破产

在某工业园区内，有位很有实力的A老板。说他有实力，是因为在这个工业园区内有近60%的工厂都是其下游厂商。有一天，A老板请朋友在公司附近的一个酒店吃饭，席间其打破了一个酒杯，饭后结账被罚了20元。这个爱较真的A老板很生气，与服务员争执未果，一怒之下，回到公司让人力资源部发文：今后凡是到该酒楼吃饭的公司员工一律革职，凡是到该酒店吃饭的下游厂商一律不给订单。结果可想而知，该酒店的生意大受影响，最后破产了。

这个故事表面上看似酒店员工为了履职得罪了一个重要客户的例子，但究其本质则说明企业最终利润的取得是由顾客是否埋单作决定的，而顾客是否埋单又受到企业员工服务质量的影响，而企业员工的服务质量又取决于企业的人力资源管理政策和制度，而企业人力资源管理政策与制度又取决于人力资源部的组织地位及人力资源从业人员的专业素质。

这一连串的因果关系引出了本章的重要内容：在梳理人力资源思想脉络发展的基础上，回顾并深度考察人力资源管理中的成本效益分析与评价过程。

一、人力资源的思想脉络

（一）亚当·斯密的“劳动力”思想

亚当·斯密（Adam Smith）（1723—1790）是经济学的主要创立者，也是第一个系统提出劳动分工理论和劳动价值论的经济学家。在1776年的《国民财富的性质和原因的研究》（简称《国富论》）中，斯密在由“看不见的手”引导的资本主义市场经济自动协调机制的框架下，系统阐述了劳动价值论与相应的分工理论，为马克思的《资本论》奠定了重要的劳动价值论基础。同时，斯密对于如何通过劳动分工增进国家财富，以实现和谐的利益分配也进行了相应的阐述。亚当·斯密关于“劳动力”的思想主要体现在两个方面：其一是揭示了人类劳动是一切价值的起源，其二是资源禀赋与劳动分工理论。

（二）彼得·德鲁克的“人力资源”思想

彼得·德鲁克（Peter F. Drucker）（1909—2005）对管理学的发展具有卓越贡献及深远影响。他曾发表过建立于广泛实践研究基础之上的30余部著作，奠定了现代管理学开创者的地位，被誉为“现代管理学之父”。彼得·德鲁克于1954年在其《管理的实践》一书中正式提出了“人力资源”这一概念。在这部学术著作里，德鲁克提出了管理的三个更广泛的职能，即管理企业、管理经理人员、管理员工及他们的工作。在讨论管理员工及其工作时，德鲁克引入了“人力资源”这一概念。他指出：“和其他所有资源相比较而言，唯一的区别就是它是人，并且是经理们必须考虑的具有‘特殊资产’的资源”。

（三）西奥多·舒尔茨的“人力资本”思想

尽管马歇尔认为，“所有资本投资中最有价值的是对人本身的投资”。但是首先提出“人力资本理论”的是舒尔茨（Theodore W. Schultz）（1902—1998）。其从20世纪50年代开始了人力资本理论的研究，在1960年提出了“人力资本投资理论”，被世人称为“人力资本理论之父”。他认为人力资本是经济增长的重要源泉，指出“劳动者成为资本拥有者不是由于公司股票的所有权扩散到民间，而是由于劳动者掌握了具有经济价值的知识和技能。这种知识和技能在很大程度上是投资的结果，他们同其他人力投资结合在一起是造成技术先进国家生产优势的重要原因”。

他在20世纪50年代末60年代初以及80年代末90年代初发表了多篇文章，目前成为现代人力资本投资理论的奠基之作。这些文章包括：《由教育形成的资本》（1960）、《人力资本投资》（1961）、《教育的经济价值》（1963）、《人力资本投资》（1971）、《对人投资——人口质量经济学》（1981）、《恢复经济均衡——经济现代化中的人力资本》（1990）。1960年，他以美国经济学会会长的身份在年会上发表《人力资本投资》的主题演讲，在学术界引起轰动。

舒尔茨从探索经济增长之谜逐步踏上研究人力资本的道路，他认为单纯从自然资源角度，并不能解释生产力提高的全部原因。他从第二次世界大战以来的统计数据发现，国民收入的增长一直比物质资本投入的增长快得多，一些在第二次世界大战中受到重创的国家，如德国和日本，以及一些自然资源严重缺乏的国家同样能在经济起飞方面取得很大成功。舒尔茨认为，这些现象说明，除土地和资本外还存在另一个重要的生产要素——人力资本。

舒尔茨认为，只有当人们把视野从只关注人口数量转向同时关注人口质量时，才谈得到人力资本问题，而人力资本理论的形成正是得益于这一认识上的转变。舒尔茨对1929—1957年美国教育投资与经济增长的关系作了定量研究，得出如下结论：各级教育投资的平均收益率为17%；教育投资增长的收益占劳动收入增长的比重为70%；教育投资增长的收益占国民收入增长的比重为33%。[①] 美国芝加哥大学教授贝克尔也指出，“人力资本对经济增长至关重要，因为现代世界的进步不是依赖于人的数量，而是依赖于技术进步和知识的力量，依赖于人的知识水平，依赖于高度专业化的人才”。显然，与其他类型的投资相比，人对自身投资不仅是经济增长的重要原因，也是个人获得财富的原因。

（四）戴维·尤里奇的“人力资源管理角色”思想

戴维·尤里奇（David Ulrich，1953— ）是美国密歇根大学罗斯商学院教授、人力资源领域的管理大师。在美国《商业周刊》举行的调查当中，他是最受欢迎的管理大师，排在约翰·科特、彼得·德鲁克等人之前，他被誉为人力资源管理的开拓者。1997年获得国际人事管理协会颁发的“Warner w. Stockberger成就奖”。1998年获得人力资源管理协会颁发的专业知识领导力终身成就卓越奖、国际企业协会和招聘就业管理协会颁发的“终身成就奖”。2001年被美国《商业周刊》评为管理教育家的第一名。尤里奇教授对人力资源管理理论发展的主要贡献在于，将人力资源管理者真正提升到战略管理者的高度并延伸出人力资源管理者在现代企业管理当中所扮演的多重角色，以及在企业价值创造过程中发挥的连接作用，并从实践和操作的角度给出了人力资源管理者履行自己新职责的路径和方法。

尤里奇认为，人力资源管理者从工作对象“人或事”与工作时间“远期或近期”这两个维度可划分出四种角色，即战略伙伴、行政专家、员工关怀者和变革推动者。尤里奇还通过大量的调查，进行了人力资源专业人员的胜任力研究。说明为了完成这些新角色，人力资源专业人员需要接受更多的教育，以使自己能够从独特的专业视角来观察公司的关键利益相关者。

（五）爱德华·劳勒的“人力资源产品线”思想

爱德华·劳勒（Edward E. Lawler）是美国南加利福尼亚大学马歇尔商学院的管理和组织学教授，也是绩优企业研究中心的主管。由于劳勒为人力资源管理作出许多贡献，美国薪酬协会和人力资源管理协会给他颁发了终生成就奖，《商业周

① 西奥多·W. 舒尔茨. 人力资本投资—教育和研究的作用［M］. 北京：商务印书馆，1990：33

刊》将劳勒评价为世界一流的管理专家之一。他曾与人合著了250多篇论文和30多本书。其中1995年，劳勒推出的《最终竞争力》（The Ultimate Advantage）被中国《产业周刊》评为“管理类年度十大畅销书之一”。这本书的核心思想是：通过企业高投入建立的雇主与雇员间的信任合作关系，是企业竞争力的最终来源，而符合这一要求的方法是——高度参与式方法。

劳勒在尤里奇等人研究的基础上进一步分析了人力资源管理作为企业的商业先导，其从业者必须能够为企业提供相应的三类产品：第一类为传统产品，也即人力资源管理最初的基本行政服务和事务功能，包括薪酬、招聘、培训和员工管理，这要求人力资源管理从业者重点关注人力资源的效率和服务质量；第二类是作为商业伙伴所提供的服务，包括发展有效的人力资源管理系统，协助执行商业计划，管理人才，这要求人力资源管理从业者重点关注战略、组织发展和变革，关注解决商业难题的方法，并设计有效地系统来确保所需的能力；第三类是作为战略伙伴所提供的服务，主要在企业战略指引下，对未来所需人力资源、组织能力进行重点培养与训练，这要求人力资源管理从业者重点关注，如具有一定广度和深度的人力资源管理知识、商业战略知识和市场知识。

劳勒对于人力资源研究的贡献在于他在尤里奇等人对人力资源战略研究的基础上，进一步明确了人力资源管理者在发挥先导作用时所能够提供的“产品”，使人力资源管理从业者从企业的“合作伙伴”成为真正的“参赛者”。

（六）爱德华·拉泽尔的“人力资源经济学”思想

拉泽尔在国际经济管理理论领域和经济政策领域都有着极大的影响力。他撰写的《人事管理经济学》一书以10多种语言出版，畅销世界，影响深远，成为经典教材流行于一流商学院的核心课程之中，被西方学界誉为“管理经济学之父”。拉泽尔还为商业报刊撰写了大量通俗易读、影响广泛的专栏文章。

拉泽尔主要研究雇员激励、提升、报酬、企业的生产率；文化、语言与人力资源管理等，尤其强调美国多文化主义的兴起及其对管理学的意义。拉泽尔有一个有趣的理论，为了增强员工的积极性，他认为在某些公司内部有必要设立更多的等级职务，这项结论深受管理学家劳伦斯·彼得（Laurence. J. Peter，1917）的影响。

由彼得本人根据千百个有关组织中不能胜任的失败实例的分析而归纳出来的

"彼得原理"（The Peter Principle），与"墨菲法则"[①]"帕金森定理"[②]并称为20世纪西方文化中最杰出的三大发现。彼得原理的具体内容是，"在一个等级制度中，每个职工趋向于上升到他所不能胜任的地位"。彼得指出，每一个职工由于在原有职位上工作成绩表现好（胜任），就将被提升到更高一级职位；其后，如果继续胜任则将进一步被提升，直至到达他所不能胜任的职位。由此导出的彼得推论是，"每一个职位最终都将被一个不能胜任其工作的职工所占据。层级组织的工作任务多半是由尚未达到不胜任阶层的员工完成的"。每一个职工最终都将达到彼得高地。至于如何加速提升到这个高地，有两种方法：其一，是上面的"拉动"，即依靠裙带关系和熟人等从上面拉动；其二，是自我的"推动"，即自我训练和进步，而前者是被普遍采用的。

二、人力资源的成本—效益评估

（一）人力资源成本的产生与构成

我国高新技术企业越来越认识到知识员工与传统体力工人的区别，知识员工不再是传统的"被管理者"，不应再被视为简单的成本，而是和资金一样被看做企业的重要"资本"和宝贵"资源"。人力资源在使用过程中所产生的成本，我们称之

---

① 墨菲法则（Murphy's Law）：If there are two or more ways to do something，and one of those ways can result in a catastrophe，then someone will do it. 如果有两种或以上选择，其中一种将导致灾难，则必定有人会作出这种选择。墨菲法则告诉我们，事情往往会向你所想到的不好的方向发展，只要有这个可能性。该定律的极端表述是：如果坏事有可能发生，不管这种可能性有多小，它总会发生，并造成最大可能的破坏。

② 1958年，英国历史学家、政治学家西里尔·诺斯古德·帕金森（Cyril Northcote Parkinson）通过长期调查研究，出版了《帕金森定律》（Parkinson's Law）一书。他在书中阐述了机构人员膨胀的原因及后果：一个不称职的官员，可能有三条出路。第一是申请退职，把位子让给能干的人；第二是让一位能干的人来协助自己工作；第三是任用两个水平比自己更低的人当助手。

这第一条路是万万走不得的，因为那样会丧失许多权力；第二条路也不能走，因为那个能干的人会成为自己的对手；看来只有第三条路最适宜。于是，两个平庸的助手分担了他的工作，他自己则高高在上发号施令。两个无能的助手，再为自己找两个无能的助手，如此类推，就形成了一个机构臃肿、人浮于事、相互扯皮、效率低下的领导体系。

由此得出结论：在行政管理中，行政机构会像金字塔一样不断增多，行政人员会不断膨胀，每个人都很忙，但组织效率越来越低下。这条定律又被称为"金字塔上升"现象。

帕金森经过多年调查研究，还发现一个人做一件事所耗费的时间差别如此之大：他可以在10分钟内看完一份报纸，也可以看半天；特别是在工作中，工作会自动地膨胀，占满一个人所有可用的时间，如果时间充裕，他就会放慢工作节奏或是增添其他项目以便用掉所有的时间。

为“人力资源成本”。

人力资源成本是一个企业组织为了实现自己的组织目标，创造最佳经济和社会效益，而获得、开发、使用、保障必要的人力资源及人力资源离职所支出的各项费用的综合性成本。依据人力资源成本与员工的相关性，可将人力资源成本分为直接成本和间接成本。其中，直接成本是指实际发生的费用，如招聘费用、培训费用等；间接成本则指以时间、数量和质量等形式反映出来的成本，如因政策失误、工作业绩低下而造成的损失等。对与企业来说，间接成本虽然难以用货币来准确衡量，但它的意义和影响往往会高于直接成本。而人力资源成本的产生是通过以下几个方面表现的：

1. 人力资源获得成本

人力资源获得成本包括人员的招聘费用（如广告费、设摊费、面试费、资料费、培训费等），选拔费用（如面谈、测试、体检等），录用及安置费（如录取手续费及调动补偿费等）。

2. 人力资源开发成本

人力资源开发成本是使员工达到符合具体工作岗位要求的业务水平和提高其工作技能而支付的费用。包括员工上岗教育成本、岗位培训及脱产学习成本等。

3. 人力资源使用成本

人力资源使用成本包括维持成本和保障成本，即薪资总额、办公费用、分摊管理成本、各种货币福利等。

4. 人力资源离职成本

人力资源离职成本包括离职前低效成本和空职成本，即由于员工的离职而影响到某职位空缺可能使某项工作或任务的完成受到不良影响而造成的损失。

（二）“选人”成本—效益评估

根据美国人力资源管理协会 1997 年的调查显示，目前组织对招聘工作的关切点按重要程度排序为录用质量、顾客满意、时间投入和成本。

招聘成本效益评估是指对招聘中的费用进行调查、核实，并对照预算等分析与评价的过程。

1. 招聘预算

作招聘成本评估之前，应该制订招聘预算。每年的招聘预算应该是全年人力资源规划总预算的一部分。

招聘预算的主要内容应该包括招聘广告预算、招聘测试预算、体格检查预算及其他预算。其中，招聘广告预算占相当大的比例，这几项预审较为合理的分配比例是4∶3∶2∶1。当然，每个组织可以根据自己的实际情况来决定招聘预算。

2. 招聘核算

招聘核算是指对招聘的经费使用情况进行度量、审计、计算、记录等的总称。通过核算可以了解招聘中经费的精确使用情况是否符合预算以及主要差异出现在哪个环节上。

假设现有 n 位候选人，m 位面试官，x_i 为第 i 位候选人面试前的准备时间，y_i 为第 i 位候选人面试中的时间，z_i 为第 j 位面试官的小时工资（即工资率）。

$$\text{招募成本}=\text{直接劳务费}+\text{直接业务费}+\text{间接管理费}+\text{预付费用} \tag{2—1}$$

$$\text{面试时间成本}=\sum_{i=1}^{n}(x_i+y_i)\times\sum_{j=1}^{m}z_j\times\text{面试次数} \tag{2—2}$$

$$\text{测试费用}=(\text{平均每人的材料费}+\text{平均每人的评分成本})\times\text{参加笔试人数}\times\text{笔试次数} \tag{2—3}$$

$$\text{录用成本}=\text{录取手续费}+\text{调动补偿费}+\text{搬迁费}+\text{旅途补助费}+\text{其他新员工的安置费} \tag{2—4}$$

3. 招聘成本效用评估

招聘成本效用评估是对招聘成本所产生的效果进行分析。它主要包括招聘总成本效用分析、招募成本效用分析、人员选拔成本效用分析、人员录用成本效用分析、招聘收益成本比等。

$$\text{总成本效用}=\text{录用人数}/\text{招聘总成本} \tag{2—5}$$

$$\text{招募成本效用}=\text{应聘人数}/\text{招募期间的费用} \tag{2—6}$$

$$\text{人员选拔成本效用}=\text{被选中人数}/\text{选拔期间的费用} \tag{2—7}$$

$$\text{人员录用成本效用}=\text{正式录用人数}/\text{录用期间的费用} \tag{2—8}$$

$$\text{招聘收益成本比}=\text{所有新员工为组织创造的总价值}/\text{招聘总成本} \tag{2—9}$$

4. 人力资源的流动和周转评估

人力资源流动率是一定时期内某种人力资源变动（离职或新进）与员工总数的比率。它是考查企业与员工队伍是否稳定的重要指标。如果人力资源流动率太高，表明人事不稳定、劳资关系存在较为严重的问题，或企业业务处于起伏波动的状态。这样管理难度加大，直接影响企业生产效率，增加企业人力资源成本；反之，若人力资源流动率过低，又不利于企业人员在观念和技术方面的更新，企业就会没有活力。人力资源流动率的常见算法有以下三种：

$$\text{员工离职率}=\frac{\text{离职人数}}{\text{工资册上的员工平均人数}}\times 100\% \tag{2—10}$$

$$员工新进率=\frac{新进人员数}{工资册上的员工平均人数}\times 100\% \tag{2—11}$$

$$净人力资源流动率=\frac{补充人数}{工资册上的员工平均人数}\times 100\% \tag{2—12}$$

其中，补充人数是指为补充离职人数而新雇的人数。

5. **人力资源损耗评估**

（1）人力损耗指数

这项指标表明员工离职率越大，则企业保留人力资源的能力越低。一般来说，当经济繁荣、劳动力短缺、失业率低、工作机会增加时，离职率会相应增加。

$$人力损耗指数=\frac{在同一年内离职的人数}{在某一年内的平均职工数}\times 100\% \tag{2—13}$$

（2）人力稳定指数

这项指标没有考虑人力资源的流动，只计算了能任职一段时间的人数比例。

$$人力稳定指数=\frac{现实服务满一年或以上的人数}{一年前雇用的总人数}\times 100\% \tag{2—14}$$

（3）留任率

这项指标可用来作为估计企业内部人力资源供给的参考。

$$留任率=\frac{一定期间后仍在职员工}{原在职员工}\times 100\% \tag{2—15}$$

（4）缺勤分析

缺勤通常包括事假、病假、怠工、迟到、早退、工作意外、离职情况等。管理者可以从企业员工的缺勤指标和有关数据来估计未来的出勤情况，使企业的人力资源得以充分利用，把损耗控制到最低程度。

$$缺勤比值=\frac{因各种缺勤原因而损失的工作日数}{损失工作日数+工作日数}\times 100\% \tag{2—16}$$

对于成本效用评估，还可以通过单位招聘成本核算指标来考查，如该职位的平均流动率（招聘重复率估算）、该职位的招聘工作量（数量、难度考查）、该职位的平均接受率（招聘有效性考查）、该职位的平均填补时间（招聘效率/及时性考查）、该职位的安置成本（复杂性考查）等。其中，安置成本是由异地招聘或员工派遣异地工作而发生的补偿费用，如搬家费、置家费、探亲费、交通补贴等。

在实际工作中，猎头公司的报价就综合了上述参数，像平均年薪、流动率、接受率等指标因工作、级别、地理位置不同而不同，使这些差别有了量化的表现形式，成为人力资源的重要指标参数。

（三）"育人"成本—效益评估

在一个竞争的环境中，当培训成为可以增强员工职业的竞争能力时，当培训成为员工职业发展过程中的一个机会时，当培训使员工感到自身受到尊重和重视时，培训本身就成为一种激励。在培训评估中，最为著名的理论模型有柯克帕特里克（Kirkpatrick）四级评估模型；另外，还有CIPP评估模型、汉姆布林（Hamblin）模型、考夫曼（Kaufman）五级评估模型、菲利浦五层次模型、CIRO模型、Lawshe满意效用比（content validity ratio）。

1. 培训核算

培训成本由企业为激励员工而为接受培训人员支付的直接货币成本和间接损失费用（如受训员工因参加培训而减少的收入与所付出时间精力损失）和为做好培训活动所准备的各类物质条件与环境所消耗的成本（如培训教材、培训仪器、培训场地、培训管理人员、培训差旅费）。

培训收益一般是由以下几方面构成：

（1）培训的直接结果是增加了员工的技能存量，因而也会促使企业效率提高，这是企业进行培训的重要动力之一。

（2）培训还可以带来企业生产成本的降低，特别是当企业采用在职培训时，随着员工技能掌握与劳动熟练程度的提高，会产生"学习曲线效应"，使生产成本下降。

（3）当采用工作轮换的在职培训方法时，在令员工有效掌握多种技能的同时，也使员工增强了成就感，最终会提高员工对企业的认同感与归属感，增强员工的忠诚度，减少员工流失率，这无疑为企业节约了许多成本。

（4）培训的最终目的是转换为个人业绩、部门业绩与组织业绩的提升上。对于个人业绩的转变，更多的是在于培训后激励手段的强弱。

2. 培训成本效用评估

在培训成本既定的前提下，培训收益的核算更多取决于受训员工对培训内容的心理接受程度。这一方面影响到对培训知识的吸收与掌握程度，另一方面影响到培训后用于企业实践的改良程度，进而影响到企业绩效的提升。因此，培训收益更多是一种估算值。因为培训收益的时间问题很难确定，一般企业只计算某一年的培训成本收益率。

$$培训成本收益率=\frac{培训收益}{培训投入} \tag{2—17}$$

$$培训投资回报率=\frac{(培训收益-培训投入)}{培训投入} \quad (2—18)$$

$$培训价值贡献率=\frac{培训总收益}{组织价值新增} \quad (2—19)$$

$$培训投资回收期=\frac{成本}{月收益} \quad (2—20)$$

由于企业的性质不同、规模不同、发展周期不同、经营状况不同，所以培训成本效益评估的方法、手段、繁简程度也不同。

(四)“用人”成本—效益评估

用人成本主要指人力资源配置成本，也即是指人资源配置方式本身的费用，这种费用是劳动力资源配置方式变动及其选择的基本依据。用人成本可由下面等式来简单表示：

$$人力资源配置费用=生产费用+交易费用+外在费用 \quad (2—21)$$

其中，生产人力资源的费用就是人力资源的价格。人力资源配置费用不仅仅是生产人力资源的费用，还包括交易费用。产权经济学强调“交易费用”对资源配置的重要性，强调资源配置方式的选择、经济制度的选择必须考虑交易费用。人力资源配置也不例外。科斯认为：“应该明白无误地将交易费用引入经济学领域，以便研究实实在在的世界。”他提出：①运用价格机制本身需要费用，如“发现相对价格”就要支付成本即付费；②企业本身的存在也是由于交易费用及其替代；③政府对市场的干预也要付费。所有这些费用组合为交易费用或科斯说的“社会成本”。

此外，人力资源配置费用也应包含外在经济与不经济费用。福利经济学认为，经济有内在经济与外在经济之分，不经济也有内在不经济与外在不经济之分。但是，外在经济是资源配置费用的节省，外在不经济则是这个费用的增加。人力资源配置除了会给配置主体（如劳动者主体和企业主体）带来直接的收益和损失（如内在经济和内在不经济）外，也会产生外在经济和外在不经济问题。外在经济就是人力资源配置费用的节省，外在不经济就是人力资源配置费用的增加。

(五)“留人”成本—效益评估

以“待遇留人、感情留人、事业留人”是许多企业留住有用人才的常用办法，针对员工的不同需求采用不同的留人手段。

1. 待遇留人

金钱是人们生存的基本条件和工作动力，也是所有企业吸引人才、留住人才的“硬件”。越是有职业能力和职业素养的员工，他们期望获得的相应报酬也越高。这里的报酬不仅包括经济型报酬（可用金钱衡量的），也包括非经济型报酬（不能用金钱衡量的报酬，包括两类：一为成果型，包括成就感、胜任感、发展机会，影响力等；二为过程型，包括提供有挑战性的工作机会、弹性工作时间、获得相应授权等）。

就经济型报酬而言，其中不仅包含有岗位价值，还包含有此岗任职者的绩效评价，也即对员工工作效果与成绩的认定价值，这是激励员工内在工作动机和工作成就感的物质动力。一套有效的薪资系统可以不断激励员工的工作积极性，使其努力创造好的业绩。比如，薪资用“二八理论”，具体的是指奖励20%优秀的员工，70%员工合格且感受到来自优秀员工的压力，而剩下10%绩差的员工给予强行淘汰的有奖有惩的薪资系统。此种留人的成本效益率，就是以年度效益增加值比上年度薪资成本增加值。

2. 感情留人

“物以类聚，人以群分”，文化与价值标准的认同是人才与企业合作的基础。如果员工与企业的文化价值标准背道而驰或大相径庭，那么就会失去相互合作的前提，不是企业淘汰人才，就是人才淘汰企业。你也许给了人才很优厚的待遇，或为培养他们投入了很多心血和精力，但他们仍然弃你于不顾，离你而去，这是为什么呢？

所谓感情留人，意在用企业文化留人，关键在于要求企业为员工带来一个家一样的感觉，使员工忠诚于企业，并自愿主动地把自身的发展和企业的发展结合起来。当员工与企业拥有共同的价值观时，员工会将企业的目标视为自己奋斗的最高目标，努力将自己融于企业。

现代人力资源管理更注重对员工的关怀，通过关怀员工的生活与精神需要，增强员工对企业的归属感与使用感。如上级主管在员工的生日或重要节日之时，说一声问候或打祝贺电话，这不仅“以人为本”的理念在实际工作中的应用，更重要的是让员工有种被重视、被尊重的精神满足。此种留人的成本效益评估，笔者建议使用员工满意度或员工忠诚度的改变来表示。

3. 事业留人

对于有着在这个行业中奋斗终生梦想的员工，有着长远职业规划的员工，用事业留人的效果会比较好。企业可依据战略发展方向，跟这类员工共同设计个人职业发展规划，让员工个人与企业一起共同成长。这样做既可增强企业的凝聚力，又可让员工为自己拥有良好的发展前景而不愿离开企业。例如，美国微软公司是全世界最吸引人才、留得住人才的公司。因为公司的人力资源部制定有“职业阶梯通道”，其中详细列出了员工从进入公司开始，从低级向高级的纵向与横向发展的所有可选择的工作，以及不同工作所需具备的任职资格条件和胜任素质要求，包括该工作相对应的薪金待遇，使员工在入职之时就对未来的职业发展做到心中有数。

4. 企业裁员

“企业留人”的对立面是“企业裁员”，而企业裁员又根据裁员动机的不同可划分为以下三种类型：

（1）经济性裁员

由于市场因素或者企业经营不善，导致经营状况出现严重困难，赢利能力下降。为降低运营成本，企业被迫采取裁员行为来缓解经济压力。

（2）结构性裁员

企业在其业务方向以及所提供的产品或服务发生变化的情况下，为调整内部组织结构（重组、分立、撤销）而进行集中裁员。

（3）优化性裁员

优化性裁员是指企业为保持人力资源的质量，根据绩效考核结果解聘不合格员工的裁员行为。

管理层可以通过预测裁员对象未来可为企业带来的收益，减去他的人力资源成本，以此来确定裁员对象的成本是否大于收益。另外，还得检视被裁员工不会对企业的日常运作或增值计划构成负面影响，或所构成的影响可由其他留用人员加以补救，从而决定被裁员工的命运。

分析主要可依以下四个步骤进行：

第一步，先分析企业的营运指针、人力资源合理分配的能力指标、人力资源成本变动的情况。

第二步，选定裁员对象。裁员对象应是与出现经营失效或需要重组的部门有直接关系的。如果裁员不是对症下药而行，病源没有根除，企业也就复原无望。

若裁员对象为企业带来的收益比前期少，企业为他付出的成本减幅（如减薪或减少其他福利）不及他为企业带来收益减幅，企业将为他付出的成本便会大于效益。如图 2—1 所示，人力资源价值线（AB）由左至右向下倾斜，如果人力资源成本线（CD）不变或倾斜幅度不及人力资源价值（$C'D'$），两线的交叉点便是裁员的临界点。在临界点右边，人力资源的成本大于价值，初步符合裁员的条件。

第三步，确定裁员会为企业未来带来净现金收入。以会计角度来看，因裁员消除了账面上的负面因素，所以能为企业带来账面上的即时收益。但由于企业裁员要付出遣散费的关系，即时的效果是企业整体现金的减少。由于裁员的效果是长期性

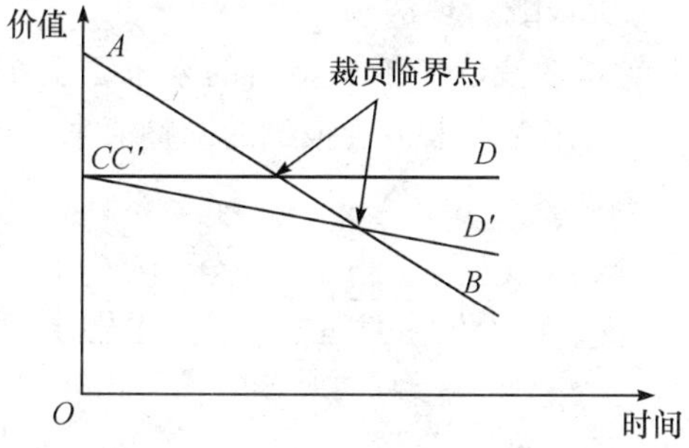

图 2—1　人力资源成本效益

的，需要为此计算出裁员为企业带来的净现金收入是否为正数。计算方法是以受影响年度所节省的支出，以折现法计算出现值，然后和遣散费及有关支出相比较，看结果是否为正数。如结果不是正数，裁员的效果便成疑问。

第四步，确定裁员对企业带来短期或长期利益的负面影响，不会比节省的成本大。企业执行裁员，会引起员工的不满，乃至引发激烈行动，如怠工甚至罢工等，影响企业的正常生产。裁员也会因被裁员工的人际关系、交接问题等，以致顾客减少订单。另外，裁员也会导致未来运作效率的倒退，使企业商誉受损。这些情况对企业的短期或长期收益都会带来负面影响。只要这些减少的收益不会比裁员所节省的成本大，裁员的效果便是正面的，否则企业便会得不偿失。

三、人力资源价值计量的方法

人力资源价值包括个人价值和群体价值，分别指个人或群体在组织预期服务期间内未来服务的估计现值。由于影响人力资源价值的因素，有些是可以用货币计量的，有些只能用非货币计量，但要全面反映人力资源价值，两者都不可偏废，因此，产生了两种价值计量方法：一种是货币性计量方法，另一种是非货币性计量方法。

（一）货币性计量方法（monetary measurement methods）

货币性计量方法是用货币计量人力资源价值的方法，其计量对象是个人价值和群体价值。

1. 个人货币性价值计量方法

个体价值计量方法较多，主要有调整后的未来工资报酬折现法、工资报酬折现法、随机报酬法、内部竞标法和人力资源加工成本法。

(1) 调整后的未来工资报酬折现法

1964 年，美国的赫曼森教授建立了调整后的未来工资报酬折现模型以计算人力资源价值，并以效率因素作为未来工资报酬的调整值来计算企业职工的人力资本价值。其效率公式为：

$$E=\frac{5\times\frac{RF_0}{RE_0}+\sum_{i=1}^{4}\left[(5-i)\times\frac{RF_i}{RE_i}\right]}{15} \qquad (2—22)$$

式中 E——效率系数；

RE_0——现实年度全行业企业资产的收益率；

RF_0——现实年度某企业资产的收益率；

RE_i——现实年度前推的第 i 年度全行业企业资产的收益率，$i=1,2,3,4$；

RF_i——现实年度前推的第 i 年度某企业资产的收益率，$i=1,2,3,4$。

人力资源价值=未来工资报酬折现价值×效率系数 (2—23)

式 (2—22) 的优点在于采用了比较多年的综合业绩来评价企业人力资源的价值，符合人力资源自身的特点。用效率系数调整的方式将工资报酬与企业收益、企业效率联系起来，但该人力资源价值模型有较大的局限性。首先，赫曼森没有考虑员工退休、离职、死亡、升迁等诸多可能性；其次，该公式权重系数（即 5，4，3，2，1）的确定缺乏理论依据，主观随意性较大；再次，员工的工资并不能完全反映人力资源的价值，有可能那些对企业贡献大、人力资源价值高的员工实际获得的薪资反而很少。

(2) 工资报酬折现法

1971 年，工资报酬折现模型由巴鲁克·列夫和阿巴·施瓦茨提出。他们认为，人力资源的价值应是其未来收入的贴现值。因此，一个年龄为 y 的职工的人力资源价值，是其今后工作年限内工资收入的现值总额，即

$$V_y=\sum_{t=y}^{T}\frac{I_t}{(1+r)^{t-y}} \qquad (2—24)$$

式中 V_y——年龄为 y 的职工的人力资源价值；

I_t——职工第 t 年的预计收入；

r——贴现率；

T——退休年龄；

y——职工现在的年龄。

考虑到职工可能在退休前死亡的因素，应按死亡的概率计算人力资源的期望值，公式如下：

$$E(V_y)=\sum_{t=y}^{T}P_{y(t+1)}\sum_{i=y}^{t}\frac{I_i}{(1+r)^{i-y}} \tag{2—25}$$

式中　$E(V_y)$——职工人力资源的期望价值；

$P_{y(t+1)}$——年龄为 y 的职工在第 t 年死亡的概率；

I_i——职工第 i 年的工资收入。

该方法既考虑到了职工的实际工作年限，也考虑到了职工死亡的概率。但该方法并没有解决赫曼森模型中存在的若干问题，也没有建立职工工资与企业效益间的联系。

(3) 随机报酬法

1985 年，弗兰霍尔茨提出了“随机报酬价值模型”。弗兰霍尔茨认为，一个职工对企业的价值在于他能提供未来的用途和服务，并与他预期所处的职位和服务状态相联系。其计算公式为：

$$V=\sum_{t=1}^{n}\left[\frac{\sum_{i=1}^{m}S_i\times P(S_i)}{(1+r)^t}\right] \tag{2—26}$$

式中　V——人力资源价值；

S_i——第 i 种工作状态下预期服务的货币表现；

$P(S_i)$——职工处在 S_i 状态的概率；

m——工作状态数（含离职状态）；

r——贴现率；

n——预期服务年限。

与前两种模型相比较，该模型考虑的因素比较全面，具备动态性，确认人力资源价值的依据比较充足。但该模型也存在缺陷，它和以工资报酬为基础的人力资源价值的货币性计量方法一样，存在着可能过高估计职工为组织服务的期望年限这一问题，并且这是一种人力资源不完全价值的计量方法。

(4) 内部竞标法

该模型由赫奇绵和琼斯首先提出。他们认为，只有那些稀有的人力资源才有价值，这些人力资源会成为各组织竞相争用的对象。各使用部门对有价值的人力资源进行内部投标竞价，竞价最高者即可获得该项人力资源，这个最高竞价就是该人力资源的价值。

该模型的优点在于将市场机制引入企业的人力资源配置工作，在企业内部建立“准人才市场”，不但可以实现人力资源的最优配置，而且可以促使用人部门根据人力资源创造的价值来计量人力资源的价值。该模型的缺点在于只注重稀有人力资源的价值计量，而忽略了其他人力资源的价值计量；另外，不同部门各自计量，会缺乏统一的计量标准。

（5）人力资源加工成本法

这种方法是将人力资源养成的过程称为“加工”过程，认为人力资源价值应等于一个人养成能创造价值为止这段时期耗费资源的价值，包括出生前后的照顾成本和成长过程中的衣食住行等成本。安吉尔（*E. Engel*）还认为，应从出生开始到27岁能够赚取收入时才完成加工过程，而且每年耗费的“资源”并不相等而呈增加趋势。因此，人力资源价值即“加工成本”用公式表示为：

$$V=\sum_{t=0}^{27}\frac{C_t(1+r)}{(1+i)^t} \tag{2—27}$$

式中　C_t——第 t 年的加工成本；

r——逐年增加的平均加工成本；

i——加工成本的折现率。

2. 群体货币性价值计量方法

（1）非购买商誉法（non-goodwill method）

非购买商誉法最早是由美国芝加哥州立大学工商管理研究生院的罗格·H. 哈默森教授提出的。他认为，人力资源的价值可表现为一个组织的当期收益水平超过同行业或整个工业正常收益水平部分的资本化价值。

这一计量方法说明，如果一个组织的实际收益率与整个工业正常收益率出现正偏差（或负偏差），它就是由于该组织拥有高于（或低于）平均水平的人力资源的结果，其价值应按正常水平予以资本化并加以记录。在每年末都应重新计算一次人力资源的资本化价值，其与年初数额的差额即为当年人力资源价值的增减情况。

非购买商誉法的主要优点是：它的计算基于每年的实际收益数字，而且不必要求对外来收益进行估计。因此，它不仅具有更大的客观性，也与现行会计惯例较为接近。但是，这一方法的缺陷是并非考虑组织的全部人力资源价值，而只是限于超过整个工业正常水平的人力资源的价值。

（2）商誉法（goodwill method）

商誉法即用组织超过本行业正常赢利的资本化赢利率来表示组织的人力资源价值。其具体做法是，把组织过去若干年的超额利润列为“商誉”，而后把“商誉”

按人力资源投资占总资源的比重的摊配额，记为人力资源价值。这种方式以历史成本作为基础具有客观性，但是它没有考虑货币时间价值因素。这显然是不合理的。

(3) 经济价值法 (economic value method)

这种方法认为，人力资源经济价值的计量应包含在企业未来经营活动的预测中，群体的价值可以用其未来服务的现值加以衡量。经济价值法的基本步骤如下：

①预测组织未来的各期的赢利。

②将预测的各期盈利折成现值，并加总。

③依照人力资源的贡献比例（即人力资源对组织赢利贡献的比重。一般认为，组织赢利是由人力和设备共同创造的）摊配的一部分成为人力资源价值。人力资源的贡献比例可根据人力资源投资（如原始成本、重置成本等）占总资源的百分比来计算。

经济价值法区别了人力资源投资和非人力资源投资，有助于管理者注意两者的投资比重，而且这种方法以赢利作为计量全体价值的基础，合理性较强。但经济价值法将人同机器设备一视同仁，忽视了人的能动创造性；另外，一般来说，组织中对人力资源的投资小于对其他资产的投资，而经济价值法却根据这个投资比重来确定群体价值，其结果人力资源价值总是小于非人力资源价值，这实在有悖于情理。

(4) 行为科学的变量法 (behavioral variable method)

行为科学的变量法是利克特教授提出的衡量人力资源群体价值的方法，是前述经济价值法的变型。特点是设定原因（如企业组织结构、经营方针、领导行为等）、中介（如劳动者对企业的忠诚、态度、动机、工作目标、成员之间的了解、相互配合的程度等）和结果（如生产力、成本、损益等）三个变量，用统计的方法分析三个变量之间的关系，然后据此预测结果变量的将来值，再按一定折现率求出企业或内部单位的现在价值。这种方法充分考虑了组织的特性和人力资源价值的关系，但也存在一些问题。例如，三个变量之间相互关系的测定是困难的，预测值带有主观的成分，还需要精通行为科学的专家的配合等。

（二）非货币计量方法（non-monetary measurement methods）

尽管会计历来都以货币作为其基本的计量单位，但美国会计学会认为货币作为会计唯一的计量单位并没有什么理论原因，其委员会还认为没有理由来解释为什么这一唯一的计量方法要以美元来计价。人们很自然就会想到会计应用多种方法计量，多种形式反映其计量结果。委员会得出结论：未来的会计很可能同时用非货币和货币两种方式计量。

可见，无论是学术界还是会计方法及政策的执行者都认为会计采纳非货币计量是一种趋势。对于人力资源会计来说，由于其自身的特点，非货币计量方法在其计量体系中具有举足轻重的地位。

非货币计量，即主观预测和经验判断，亦即根据人力资源的文化知识水平、工作态度、工作能力及其发展潜力、工作业绩及性格等非货币计量方面的特征来推测、判断其未来服务价值的大小。非货币计量模式也分个人计量模式和群体价值计量模式。

1. 个人非货币性价值的计量模式

这个模式认为，人力资源价值以个人的特征作为决定因素，组织的行为作为条件因素，而个人成为组织成员的概率，又是个人对组织价值确定的前提。目前在理论和实务中较普遍接受的个人非货币性价值的计量方法，主要有以下几种：

（1）技能详细记载法（skill inventory method）

技能详细记载法是指在确定人力资源价值过程中，可以通过对各个人员的一些素质构成和能力特征进行分等衡量，如确定其受教育程度、学习培训次数、知识结构范围、工作经历等方面的一些定量化数据，间接地衡量各个人员的条件价值。

（2）绩效评估法（performance evaluation method）。

绩效评估法是指应用一定的比率、评分或测试卡等方法，对人力资源价值进行衡量、比较，以提供与人力资源管理决策相关的信息。

①比率法。比率法是用组织内职员的出（缺）勤率（出勤时数与满勤时数之比或是缺勤时数与满勤时数之比）、工作差错率（如打字员打印文件差错率）、完成定额百分比（如推销员完成销售定额百分比）等比率来衡量、评估职员的工作绩效。

②评分法。评分法是由评估者确定从某些方面对职员进行评分、分档（如优、良、一般、差），或者予以数量化为一定的百分数表示，以此作出有效的考核与评价。

③测试卡法。测试卡法设计一定的测试问题表卡，对职员的工作态度、表现情况、待人处事方法和服务潜力等进行分项考评，以便对其价值进行全面的测量。

2. 群体非货币性价值的计量模式

群体的非货币性价值的计量可采用行为变数模式（behavior variable model）。这个模式是把影响群体价值的原因按主次分为三类变数：

（1）原因变数

原因变数如管理行为、管理技术以及组织结构等，对群体价值的影响甚大。

（2）中介变数

中介变数包括组织气候、群体作用、同僚领导形态以及下属的满足感等。这些变数体现管理者的管理水平和效率能否渗透到人力资源中，反映组织的内部状态和绩效潜能。

（3）结果变数

结果变数，最终的总生产效率，它是原因变数和中介变数综合作用的结果。

对以上变数进行变异分析，可估计组织未来的经济效益，因而可折现为现有的人力资源价值。

行为变数模式能定期考核影响人力资源价值的因素，动态地反映群体价值。但是，它没能确定人力资源的现有价值，也将人力资源的个人潜能和智力排除于变数之外，不能不说这是它的重要缺陷。

第三章 人力资本理论

章首案例："量身定做"人力资本投资方案的启示

作为施耐德电气集团的第二大市场，中国区已经越来越逼近北美。按照目前的发展速度，在未来一年，中国区或可成为第一把交椅的占有者。在拥有速度的同时，能否保持稳健与持久？这些疑问不仅对业务战略提出了更高要求，也对中国区的人力资源管理提出了新的挑战。

和其他成熟市场不同的是，施耐德电气中国区的员工明显呈现"年轻化"特征。据公司内部统计，"80后"员工在公司占据了50%的比例，在经理层员工中，这个比例为15%，而整个公司的员工平均年龄仅为31岁。如此突出的特点，引起了公司HR的高度重视，如何管理好、发展好这样一个特别的群体，公司为此进行了内部调研，希望借此了解员工的特点与需求，并为此给"80后""量身定做"相关人力资本投资方案。

公司调研结果显示，公司"80后"具有四大特点：第一个特点是活在当下。他们关注于眼前发生的事物，对于自己的晋升，他们同样表现出了"现在就要"的特点；第二个特点是注重生活和工作的平衡。他们更多地关注于"公司能够给我带来什么"，而不像过去的员工首先想到的是"我能为公司带来什么"，他们的需求非常直接；第三个特点渴望被尊重、被信任和被关注。他们不希望在管理者作决策后，自己处于"被通知者"的位置，他们需要成为决策过程中的一员，希望公司以更为透明和民主的姿态，给予他们一定的话语权；第四个特点是乐于学习。

针对"80后"的四大特点，公司提出了以下"职业规划"：针对第一个特点，公司在员工入职培训时，特意开办了"职业生涯规划"类型的课程，帮助"80后"员工弥补缺失；针对第二个特点，公司明确告诉"80后"，在企业环境中，团队合作的重要性以及"想要却暂时未必有"的可能性，借此传递给"80后"更为成熟的职业价值观；针对第三个特点，公司特别安排了一些"过来人"分享各自的职场经历。这些人中，有非常资深的高级管理者，也有刚刚加盟企业一年的新员工。通过这些分享，新人会为自己设立长期发展的榜样，也可以预知未来一年自己将面对的挑战和成长；针对第四个特点，公司为“80后”安排了导师项目。这些导师均由企业中的资深专业人士和管理者组成，这些导师每人会带领一两位毕业生，在他们入职的第一年进行贴身跟踪。与不少企业类似，施耐德电气的导师制度面临的挑战同样是导师自己的“分身乏术”。因为导师多为企业的高层，让他们争取到时间带人并不容易。施耐德的方法是利用导师俱乐部的形式，点燃每位导师的激情，通过每月一次的俱乐部活动，将企业“培养人”的文化建立起来。

此外，在HR体系上，公司也为年轻人的发展提供了政策保障。在施耐德电气，有个独特的“3＋3”项目，即员工在一个岗位工作3年后，如果自己有内部转换岗位的计划，直接经理必须支持，并在3个月内完成交接。这样的制度给希望不断有新尝试的年轻人提供了人才发展的政策保障，让他们有条件对公司业务有全面了解的机会，以丰满自己的羽翼。同时，“3＋3”也给经理人提出了一定的挑战，他们必须不断培养新人以提升团队能力。

针对30岁左右、熟悉公司业务与文化，且业绩突出的高潜力人才专门设计了“老虎”项目，其目的是将他们培养为企业未来的领导者。经过这一系列的人力资本投资项目，施耐德电气为其企业后续发展奠定人力基础。

“有钱出钱，有力出力。”这是我们祖先流传下来的通俗而平凡的一句话。在这里，钱和力，成了办事不可缺少的两个要素。用经济学的术语来说，钱，是货币资本；力，是人力资本。而人力资本理论在强调人力以及人力的培育对经济发展的重要作用，主张发展教育事业，提高劳动者素质，并使劳动者得到相应的合理报酬等方面的确有它的积极意义。但在西方主流经济学的视野中，“人力资本”的出现只是意味着在生产函数中又增加了一个原来不为人们所认知的生产要素。正如马克·布劳格所说：“它只不过是标准的新古典概念在新古典经济学家以前没有考虑过的现象上的运用。”

自20世纪中叶起，国内外学者对人力资本的理论与实证研究在各方面取得了较大的研究成果。尤其是在人力资本产权[①]、人力资本投资成本与收益分析、人力

① 世界上关于人力资本产权和物质资本产权的契约模式有三种：第一种是以美国为代表的“资本统治劳动型”（资本雇佣劳动），只有股东才有决策权，职工只能通过工会进行抗衡，形成外部制约。第二种是以南斯拉夫为代表的“劳动统治资本”（劳动雇佣资本），实行工人自治。第三种是以德国为代表的“劳资双方共同参与决策制”，大企业监事会里，股东和职工的代表人相等，职工有参与决策的权利。

资本与经济增长以及人力资本与收入分配等领域成果丰硕。作为人力资本的主要载体和主要拥有者，人才的数量、质量和结构越来越关系到企业的发展，并将成为决定经济增长潜力和市场经济竞争力的关键因素。

一、人力资本的内涵及其特点

（一）人力资本的内涵

人力资本是人力资源中文化层次较高、具有特殊才能和较高创造能力的群体，是人力资源中拥有人力资本较多的精华部分，是以其创新性劳动，为社会发展和人类进步作出较大贡献的优秀群体。它是人力资源中的核心部分，对促进科技进步和经济增长起着关键性的作用。

一项生产资源之所以成为资本，是因为它稀缺，以及它在社会经济生活中所具备的特殊功能；它的稀缺程度越高，所内含的资本也就越大。因此，在市场经济体制下，人力资本决定于如下两个方面：

第一，在主观方面，它决定于特殊才能供求双方的主观意愿，即人力资本所有者是否愿意将特殊才能以商品的形式出卖，物质资本所有者是否愿意将特殊才能视为人力资本，使其按资本的原则进行协作生产。

第二，在客观方面，它决定于人才的特殊性和稀缺性。人才越是特殊，它对物质资本就越重要；人才越是稀缺，供给者就越不愿意以商品的形式来处理它，而这就必然会迫使物质资本所有者视其为资本，并进行合作生产。

（二）人力资本的特点

1. 人力资本的复杂性特征

（1）人力资本具有开放性特征

开放性表现在人力资本与环境持续的物质、能量、信息交换。人力资本的价值形成是一个持续的过程，交换的结果可能是人力资本增值，也可能是损值，但这个过程不会停止。正如阿罗在20世纪60年代提出的“干中学”理论，还有“用进废退”一说。因此，以某一时点为计量点定价人力资本显然是机械的。

（2）人力资本具有非线性特征

非线性表现在人力资本价值体现的非恒长。除了人力资本固有价值存量的非线性变化外，人力资本的价值体现还随环境不同和人力资本载体的状态起伏而变，有时可能有创造性的价值体现。这时，对经济增长有着强烈的、超乎已有认识的推动作用；有时又表现为不可名状的低价值。

（3）人力资本具有不确定性特征

人力资本价值的发挥需要激励，这种激励可能是来自外界的非物质资本给予的合约激励，也可能是其对自身目标追求的自我激励。激励也许是激发人力资本潜能的唯一原动力。

（4）人力资本具有自主性特征

这里主要涉及人力资本的产权特性。人力资本的所有权与其载体天然不可分，人力资本产权是不可强制的；否则，被强制的或者部分被强制的产权根本无法被集中到其他主体身上，只能造成人力资本产权的“关闭”“残缺”甚至“荡然无存”。

（5）人力资本具有统计性特征

由于人力资本的开放型、非线性、不确定性和自主性，单纯直接计量某类或某单位人力资本的价值是非常勉强的。如果能意识到人力资本的复杂性本质特征，以大量的社会统计数据为依据，逐次分离非人力资本因素的影响，则可以得到比较理想的结果。

2. 人力资本的层次特征

（1）人力资本呈现出多样性特征

由于有序态、随机态和混沌态等多样性行为可以共同存在于一个复杂系统中，因此人力资本的行为既不是完全有序的和可以预测的，也不是完全随机的和绝对不可预测的，而是经常处于模糊的边界，或介于两者之间。同样的价值凝聚过程、相似的先天禀赋、同样的环境作用，人力资本的行为更多地表现出差异性。

（2）人力资本呈现出多层次性特征

人力资本的层次表现为两个分支：其一，人力资本的价值存量表现为高、中、低三个层次，这个层次的划分当然是相对和简单的；其二，人力资本价值的自我认可层次，或者为了满足其“经济人”假设下的自利，或者追求其社会存在，或者因为其宗教信仰。两个分支的各个不同层次耦合在一起，更加错综复杂。

（3）人力资本呈现出非对称性特征

人力资本之间的特征是不能递推的，试图从相同或相似的人力资本成长过程推断其一般性是不可测的，这是因为人力资本在其成长过程中的心理、生理巨大差异决定了这一点。

（4）人力资本呈现出整体性特征

对于人力资本这样的复杂系统，其整体行为并非简单地与某个具体特征主导下的行为直接联系，不能简单地从局部的个别行为细节判断，系统的整体行为不是所有局部行为的简单相加，必须从整体上去把握其趋势。人力资本的特征之间充满着竞争，竞争的结果取决于很多因素，或者其行为结果往往是共同竞争或合作的结果，或是协同效应，或是优胜劣败。因此，对人力资本进行整体性的研究至关重要。

二、人力资本的所有权分析

人力资本的所有权是指存在于人才体内，具有经济价值的知识、技能乃至健康水平等的所有权。人力资本是通过对人才投资而形成的，其资本量也应等于形成人力资本的投资量。人力资本的形成主要包括：卫生保健设施和服务，包括影响人的预期寿命、体力和耐力、精力和活力的全部开支；正规的初等、中等和高等教育；在职培训；科学研究活动和科研训练；个人和家庭进行迁徙以适应不断变化的就业机会等。

从人力资本的形成途径来看，人力资本的投资主体是多元的，包括国家、就业单位、家庭和人才个人等，这决定了人力资本所有权界定的复杂性。按照传统的“谁投资谁所有”的投资原则，人力资本的所有权应归多元投资主体共同所有。但是，由于人力资本具有与物质资本完全不同的特点，这种推理值得进一步商榷。

第一，人力资本已经实现并固化在人才身上，虽然其创造的社会价值能惠及人类社会，如果能与载体分离进而成为人类的共同财富，但其资本形态仍然依附于人才自身而不可分割，人才完全控制着人力资本的开发利用。一旦产权权益受损，人力资本的使用价值可能会发生“关闭”“残缺”甚至会“荡然无存”。

第二，人力资本的形成虽然需要多个投资主体物质资本的投入，但人才自身的先天能力（如智力水平等）和后天努力（如学习态度、努力程度、敬业精神等）是人力资本形成的决定性因素。

第三，人力资本是一种主动性、能动性的资本，是一种既有客观价值又能主观思维的复杂资本，其对经济发展的强大促进作用只有通过人才的创造性劳动才能表现出来，他所愿意提供的劳动数量和质量只能由他本人控制，其他人只能通过影响人才的意识进行间接控制。

另外，人才个体在受教育过程中所付出的勤奋努力，并在相当长时期内进行艰苦探索、千锤百炼而形成的特殊人力资本（有某些天赋是自然形成的），决定了人力资本应归人才个人所有，其他投资主体（主要是企业、高校、科研院所等科技人才所在单位）虽然对人才进行了投资活动，但这种投资活动是一种债权关系投资，其他投资主体可凭债权关系获得在一定时期内和支付使用费用条件下的人力资本的使用权，而并不因此获得人力资本的所有权。当其他投资主体对人力资本的使用期满后，从权利关系上讲，企业对人力资本就不再具有任何权利。

三、经济学视角下的价值分配理论与人力资本定价

在现代西方国家，企业高级管理人员和专门人才的薪酬水平通常大大高于普通员工，而且很多公司实行员工持股制度。这种企业内部持股制度不仅能够提高员工的收入，而且把员工与所有者的利益联系在一起，提高了员工的激励水平，保证了公司的业绩和资本所有者的利益。员工参与利润分配不仅是现代企业管理模式的革新，更是价值分配方式的重大变化。这种分配模式超出了马克思的价值分配理论和西方传统的边际工资理论的分析框架，需要经济学提供新的理论解释。这种变化趋势要求我们在对马克思和传统西方工资理论进行分析的基础上，还需要运用新制度经济学和人力资本理论分析研究现代企业的劳动报酬模式，以进一步揭示要素分配与价值分配之间的关系以及人力资本价格运动的内在规律，从而为现代经济条件下的人力资本定价提供新的理论解释和指导。

（一）马克思的工资理论

现代人力资本理论中的人力资本是指对劳动力进行教育、培训、保健等投资而形成的人的体能、知识、技能和经验。这一概念将劳动者后天形成的劳动能力与天然具有的劳动能力区别开来，也使具有特殊管理能力的经理人和专门技术人员与一般低技术工人区别开来。这种区分是建立人力资本理论的前提。

在马克思的相关理论中，尽管也有关于脑力劳动和体力劳动、简单劳动和复杂劳动、再生产劳动力所需的教育培训费用等范畴的论述，但对于劳动者的一般劳动能力与人力资本并没有作出有特别意义的区分。

之所以如此，首先是因为在马克思所处的时代，机器代替原来的手工作坊成为社会生产的主要方式，生产效率的主要来源是作为物质资本的机器，而非操作机器的工人。在这种生产方式下，工人被看成是同质的，工人的劳动能力主要被看成是一种天然的能力，而作为投资结果的人力资本在当时的历史条件下尚未成型，自然也就得不到充分的观念反映。

其次，是由于马克思的研究立足于劳动二重性的区分来建立其剩余价值理论，以揭示资本主义生产的本质。在这一过程中，劳动力被看成体力劳动与脑力劳动的总和，其形成途径和质的区别自然被合理地忽略掉了。工资理论是马克思剩余价值理论的重要组成部分，马克思利用等价交换规律来作为他的价值分配模型的基础。他认为，工资是劳动力价值的转化形式，同其他任何商品一样，劳动力商品的价值也是由生产和再生产这种特殊商品所需的社会必要劳动时间决定的。

具体地说，劳动力价值包括劳动者及其家属生存所需的生活资料，以及教育培

训所需的费用。在马克思的模型里，工人除了劳动力以外一无所有，为了生存只能将劳动力作为商品出售给资本家，并按照等价交换原则获得相当于他劳动力价值的工资。资本家通过等价交换取得了工人的劳动力这一使用价值，并通过对这一使用价值的生产性消费获取剩余价值。在资本家与其他要素所有者对剩余价值的再分配过程中，工人则合乎逻辑地被排除在外。

很显然，在马克思的理论模型里，以及在他所处时代的现实中，资本都是以无可置疑的主导地位实行着对劳动的统治。本来，资本和劳动对于社会生产都是不可或缺的，但由于资本和劳动的相互分离，以及劳动者除了劳动力外一无所有，于是在社会生产中，资本合乎逻辑地取得了对劳动的主导地位，取得了生产控制权和剩余索取权。资本雇佣劳动是在当时历史条件下这两种生产要素唯一可能的结合模式。

由于在马克思所处的历史阶段，资本所有权与经营权并未如当代市场经济中那样普遍分离，所以在马克思的价值分配模型中，社会产品的价值被分割为劳动力价值和剩余价值，而后者进一步在职能资本家、借贷资本家和土地所有者之间进行分配。其工资理论仅将工人的工资作为研究对象，而对于现代企业极其重要的诸如经理人和专业技术人员的报酬决定问题，马克思并没有进行专门的分析和论述。

（二）传统西方经济学的要素报酬理论

新古典工资理论是建立在边际生产力理论基础上的劳动力要素报酬理论。该理论认为，劳动的供给取决于劳动要素所有者对劳动的收益和成本之间的比较。工资的提高在一定范围内会导致劳动供给的增加，反之则会导致劳动供给的减少，劳动的供给曲线呈向右上方倾斜；劳动的需求取决于劳动的边际生产力与边际成本之间的比较。在短期内，由于劳动的边际生产力是递减的，因此厂商对劳动的需求量将最终达到这样一点。在这一点上，劳动的边际成本等于劳动的边际收益产品。高于这一点，劳动的边际收益产品将低于劳动的边际成本，导致厂商亏损从而减少雇佣量；低于这一点，则劳动的边际成本低于劳动的边际收益产品，厂商会增加雇佣量来提高利润。作为商品需求所引致的派生需求，劳动需求随着劳动价格的降低或劳动的边际收益产品的增加而增加；反之，则反是。这样，劳动的需求曲线向右下方倾斜。在要素市场上，劳动的供求两种力量相互作用，共同决定均衡工资。

新古典的工资理论认为，工资是对劳动要素在社会生产中所作贡献的报酬，把工资和利息、地租、利润等都归于生产要素报酬的范畴。传统西方经济学抹杀了劳动力和劳动之间的区别，因此其对工资的分析回避了资本主义生产关系的性质，没有触及资本主义工资的本质。这和马克思关于工资是劳动力价值的货币表现形式而非劳动本身价值的有关理论显然存在根本的区别。但由于这一理论反映了资本主义市场经济运行的外在表现，对于研究市场经济条件下的工资决定机制有很大的参考和借鉴价值。

在新古典理论中，企业家的报酬被称为利润。但什么是利润却是一个有争议的问题。一般认为，利润是付给一种叫做“企业家精神”的报酬，是企业总收益在支付了工资、利息和租金后的一个余额。这一定义显示，企业家才能被看成是与劳动、土地和资本相并列的一种独立生产要素。

利润这一概念又可分为会计利润、正常利润和经济利润。会计利润是总收益减去显性成本的余额，其中包含企业家自有资本和劳动的机会成本因素；正常利润是企业家才能的报酬，是从股权投资中获得的超过债权投资利息的、促使企业家进行股权投资而非债权投资所需的最低预期收益。这一利润剔除了企业家自有资本的隐性成本因素，是企业家工作的净收益。经济利润则是指总收益与总成本（包括显性成本、自有资本和劳动隐性成本在内的全部机会成本）之间的差额，被认为是对企业家创新和承担风险的报酬，或者是垄断的结果。在一个竞争充分的市场上，经济利润因激烈竞争的存在而趋于为零。从这一模型来看，在新古典要素价格理论中，企业家仍然被看成企业资本的所有者。尽管他也利用一部分借入资本，而企业家才能实际上被看成了一种边际生产力很高的特殊劳动要素，其所获得的正常利润也就成了支付给这种特殊劳动要素的报酬。至于企业专门技术人员的报酬问题，在传统西方工资理论当中也没有被单独提出。显然，在传统理论中，专门技术人员被归于一般劳动要素所有者的范畴，其报酬被包含在劳动工资范畴当中。

从以上分析看来，无论是马克思的经济理论还是西方传统经济学理论，其中关于企业家的假设与现代企业中的所有权与经营权分离的模式有着很大的不同。从而现代企业中人力资本参与剩余分配，包括经理人和专门技术人员的报酬模式，在这些传统的工资和利润学说中都无法找到理论解释。

（三）新制度经济学与价值分配理论

科斯开创的新制度经济学以交易费用为基础分析企业的成因和企业规模的决定。科斯的交易费用论认为，企业与市场是两种不同的协调生产、配置资源方式，这两种生产协调方式都会带来交易费用，而企业产生的原因就在于通过企业协调生产所带来的交易费用要低于通过市场来协调生产。由此，企业内部的产权和制度结构被纳入了西方经济学企业理论的主要研究视野。新制度经济学以企业研究为中心、以交易费用分析为基础，将企业看成是一组要素间的合约，提出了交易成本、契约不完全性、资产专用性、团队生产、剩余控制权与剩余索取权、委托—代理关系等一系列概念和理论，为企业研究开拓了新的视野，也为现代企业的价值分配理论研究提供了一条新的途径。新制度经济学因分析角度的不同派生出不同的学说，其中很多观点对于价值分配理论的研究有着重要的启示。

1. 剩余控制权假说

这种假设说是把企业看成是由拥有剩余控制权的那些资产构成的。该理论认为，由于契约存在不完全性，总会有一些对资产的权利无法在契约中逐项列明，从而形成所谓的剩余控制权，掌握这种剩余控制权的某一方可以使自己的事后收益最大化。由此可见，剩余控制权的分配结构将影响交易各方事前从事专门化投资的积极性。该理论认为，最优的剩余控制权结构安排应该使事前投资的扭曲最小化，能够最好地保护专用性资产的投资。这就意味着，通常应由专用性资产的投资者掌握企业的剩余控制权。

2. 团队生产理论

该理论从企业产权结构的视角研究了团队的剩余索取权结构。该理论认为，在团队生产中，每个人都有一种偷懒和搭便车的动机，要充分发挥企业的效率潜力，必须克服这类道德风险。这样一种机会主义的动机在团队生产中较难克服，除非能够有效地监督和计量每个人的行为和努力程度。团队生产理论给出的解决方案是，使某些人专门从事监督其他要素所有者的工作。但是如果监工只是作为团队内一般的要素所有者，那监督的效果就要大打折扣，因为这样的监工也和其他人一样怀有偷懒的动机。只有借助于产权的安排，赋予监工剩余索取权，才能解决监督者的偷懒问题。

3. 委托—代理理论

从法律上讲，作为企业所有者的股东是企业的剩余索取者。如果由他们直接经营企业，其行为无疑是追求企业利润的最大化。但现代企业的所有权与经营权分离，由于职业经理人与所有者之间存在信息的不对称，经理人有可能追求不符合股东利益的目标，使得企业行为偏离利润最大化。由于市场等不确定性的存在，经理人的努力程度只能影响到利润的概率分布，股东不可能通过观察利润直接了解经理人的工作努力程度。因此，使得经理人行为尽可能符合股东利益最大化的唯一方法，是使经理人成为企业剩余的部分索取者，即在一个固定工资的基础上使经理人的收入随公司利润的增长而增长。

以上理论观点对于现代企业的分配模式是深有启发的。

首先，剩余控制权假说以资产的专用性和契约的不完全性为前提，认为企业的剩余控制权应当掌握在专用性资产的投资者手中，以鼓励对专用性资产的投资。在传统企业中，物质资本投资的专用性远远大于通用型人力资本投资。但是由于现代分工的细化使人力资本专用性日益提高，资本市场的发展使得资本流动性大大增强，因此对于一个知识密集型的现代企业来说，物质资本与人力资本的专用程度便发生了相对的变化。专门技术人员为了减少交易的不确定性，会要求掌握部分股权，并以此实现对企业的剩余控制权。根据这一理论，可以设想，在一个由具有极强专用性的知识要素和极高流动性的资本组成的企业，知识将替代资本拥有全部的剩余控制权和剩余索取权，形成劳动雇佣资本的要素结合模式，同时也将形成一种全新的价值分配模式。

其次，团队生产理论认为，提高团队生产的效率需要专门从事监督的监工，为了避免监督者的偷懒行为，监督者必须拥有对企业的剩余索取权。在一个所有权与经营权分离的层级制企业，股东是对经理人进行监督的最高层监督者，理所当然地拥有对企业的剩余索取权；同时经理人是团队日常生产中对其他团队成员工作的最重要监督者，按照该理论，也必须拥有对企业的部分剩余索取权，因此经理人也应当是现代企业的持股者，并通过股份的持有获得工资之外的收入分配。

再次，委托—代理理论从信息不对称和代理人的机会主义行为出发，认为为了防止代理人的行为偏离所有者利润最大化的目标，经理人必须成为企业部分剩余的索取者。这一理论从防止代理人道德风险的角度论证了现代企业中经理人持股并以此参与分配的必要性。

新制度经济学改变了传统经济学将企业看成一个黑箱、将企业内部的各种变量关系看成一个生产函数的做法，从企业的产权制度结构入手来分析企业。虽然其企业理论是以说明企业的成因、规模以及产权结构为目的，但同时也揭示了现代企业的价值分配规律，对正确认识现代企业的经理人与专门技术人才的人力资本定价有着重要的理论指导意义。

（四）人力资本投资理论与价值分配

1960年舒尔茨系统地阐述了人力资本理论，标志着西方人力资本理论的兴起。舒尔茨认为，人的劳动能力是社会进步的决定性因素，人的劳动能力可以分为先天具有的脑力和体力以及通过后天学习和培养而形成的人力资本，包括知识、技能和经验。由此可见，人力资本的获得不是没有代价的，而是一种有意投资的结果，并且随着科学技术的发展，人力资本成为社会生产最重要的资源。

从舒尔茨的人力资本理论的基本观点来看，首先，人力资本是有意识投资的结果。这种投资与一般投资的不同之处在于，一般意义上的投资是对物的投资，而人力资本投资是对人的投资。但作为投资，它们都有相同的本质，即其目的是为了获得一笔未来的现金收入。尽管人力资本的投资目的可能还包括获得地位和尊重等，但获得收入无疑是其主要目的。其次，人力资本是经济发展中最重要的因素，最终决定一国经济发展的是人力资本的积累而非物质资本的积累。第二次世界大战以来一些国家的经济奇迹就证明了这一点。

人力资本的重要性还可以根据宏观经济理论中的增长模型得出。根据索洛增长模型，在知识量不变的情况下，每单位劳动的物质资本的边际生产力是递减的，最终会趋于为零。随着资本的不断积累，只有通过知识的增加，才能使资本的边际生产力保持在一个大于零的水平。知识的增加分别表现为单位物质资本和单位劳动生产率的提高，而二者与人力资本的增加都是分不开的。因此，要保持经济的持续增长，人力资本和物质资本必须同时增长。这一结论也说明，在现代经济中，人力资本决定着经济增长的速度和资本的利润率。

图 3—1 告诉我们，由于发展中国家的劳动力素质比较低，因此部门间的劳动力流动受阻，导致低素质的劳动力依然滞留在落后部门或者产业，因而出现了失业、就业不足或就业低级化现象，这就使他们的收入增长缓慢甚至停滞或下降。低微的收入使他们继续陷入贫困，只有很少或者几乎没有多余的收入进行人力资本投资，致使人力资本形成依然缓慢，继续导致落后部门的低劳动生产率和缓慢的经济增长，形成了人力资本投资的恶性循环。相反，在先进部门，由于劳动生产率高，经济增长快，高素质劳动力的职业逐渐高级化，收入增长快，越来越高的收入支撑了持续快速的人力资本投资，促进了高端劳动力市场人力资本的形成，而人力资本的快速形成和更新又推动了先进部门劳动生产率的继续提高，进入下一轮的经济增

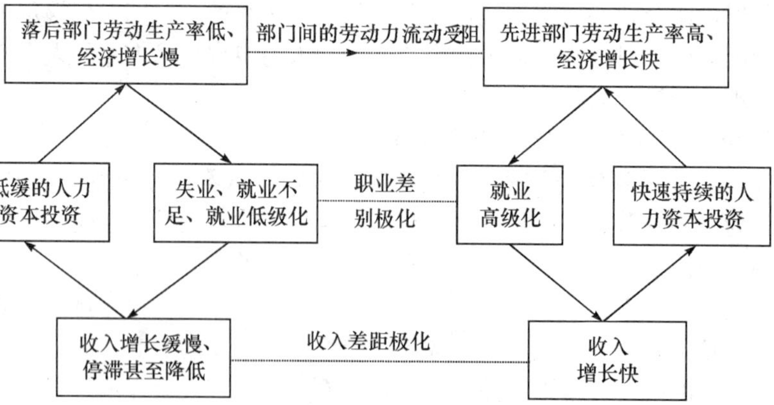

图 3—1　人力资本投资的恶性循环陷阱

长。尽管单从先进部门来看，这一人力资本投资循环是良性的；但是，从整个经济结构来看却是不合理的。它造成收入差距极化和职业差别极化的局面，导致了整个经济发展的低效率和不均衡。同时，这一恶性循环机制产生了“无限同质低素质劳动力的弱人力资本投资与有限高素质劳动力的强人力资本投资效应”，将使劳动力流动的峭壁持续存在，并且更加陡峭，延长了“发展与就业可能性悖论”存在的时间，最终将恶化部门之间的均衡发展，使经济发展的动力减弱。

对发展中国家来说，人力资本投资的恶性循环陷阱一旦形成，农村劳动力受到收入的限制就无法进行充分的人力资本投资。这不仅使农业部门的发展缺乏充足的人力资本存量，也使劳动力难以进入城市的工业部门或者知识部门，进而恶化了农业部门对工业部门或者知识部门的劳动力供给条件，为先进部门的发展设置了很大的障碍。同时，由于两类部门之间的职业地位乃至收入差距很大，无论是能够进入先进部门的农村劳动力，还是在先进部门不断进行人力资本投资的城市劳动力，都不愿意从事与农业相关的产业，更不愿意积极地对农业产业进行工业化或者知识化的改造，这就使得农业部门或者农村经济的发展失去了最根本的动力。如此看来，恶性循环陷阱不仅对工业部门和知识部门的发展造成了负面影响，还延缓了农业工业化和知识化的进程，不利于整个经济的发展和社会的稳定。

人力资本理论的研究成果对于发展价值分配理论同样有着重要的启示。按照马克思的价值分配论，工人的工资是劳动力价值的表现形式，即生产和再生产劳动力的最低费用。尽管马克思也谈到工资量中所包含的“历史和道德因素”，为工资在一定程度超出严格生理意义上的最低线留下伏笔，但从根本上说，马克思的工资理论仍属于最低工资理论。在马克思所处的时代，资本是相对于其他生产要素最稀缺的要素，人力资本远不具有现代这样的重要意义，加上社会保障制度的缺乏，当时的工人除了接受最低工资之外没有其他选择。这种历史条件下的劳动供求双方的地位决定了双方博弈的结果。

根据人力资本理论和宏观经济学增长模型分析，随着资本的积累，人力资本对于现代经济增长和资本利润率日益起着决定性的作用，再加上社会保障体系的建立已经能够保证劳动力的再生产，劳动供求双方博弈时各自的地位就发生了巨大的变化。人力资本的投资主要是私人行为，人力资本的投资者必然要求得到一定的投资回报。也就是说，对人力资本进行投资，其目的不仅仅是为了收回相当于“劳动力价值”的投资本金，而且要求获得高于投资本金的现金流。如果工人的工资仍然保持在最低线上，即保持在仅仅维持“劳动力再生产”而使人力资本投资利润为零的水平上，那么作为一种投资行为，人力资本投资就不可能发生。

由此可见，在知识经济条件下，由于人力资本在社会生产中的稀缺性和重要性增加，人力资本投资和实物资本投资一样要求获得投资利润，要求参与企业的剩余分配，资本与劳动的分配格局发生了很大的变化。人力资本理论对最低工资理论在现代知识经济条件下的适应性形成了明显的挑战。

具体的人力资本价值计量可参见图 3—2 所示。

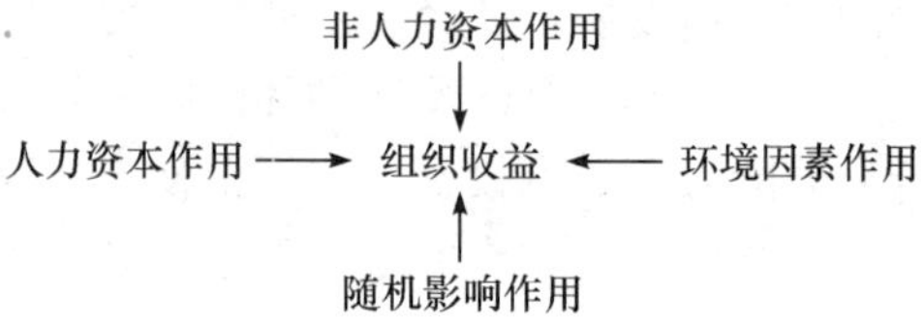

图 3—2　人力资本与非人力资本的作用关系

这里把人力资本与非人力资本、环境因素、随机影响的关系表达简化为式(3—1)：

$$p=f_1(h_1+h_2)+f_2(k,\ e,\ r) \tag{3—1}$$

式中　p——组织收益；

h_1、h_2——代表人力资本成本和期望收益影响因素；

k、e、r——表示非人力资本、环境因素、随机因素，f_1 和 f_2 为一般的函数表达式。

对该模型的应用需要作如下说明和修正。

第一，把除人力资本以外的其他要素和因素全部归结于 f_2（k，e，r）是有统计依据的。从整体来看，剔除人为操纵的原因和一些不可抗力的影响，环境因素和随机因素影响的统计期望值应该为零。从个体来看，以同业平均统计数据为参照，则可以将环境因素和随机因素影响的统计期望值分离出来。

第二，非人力资本因素 k 的社会统计数据是现实的。例如，按照美国劳工部对 1948—1989 年美国经济增长的动力估算表明，物质资本的贡献率为 37%，将其从 p 中分离以后，可得到人力资本的贡献率为 63%。

第三，本模型可以在四个不同的层次应用。用于社会经济总量计算时，以社会总量统计数据为依据；用于行业计量时，以行业统计数据为依据；用于个体组织计量时，除参考行业统计结论外，还要参考个体组织特征的影响；用于个体人力资本价值计量时，需参照同业统计结论，细分各异特征的具体影响，这一点在于人力资本所在组织的制度安排和价值判断，对外并不一定具有广泛意义。

第四，人力资本计量的统计模型需要强大的信息和人机结合技术的支持。模型建立在完善的数据统计体系、社会公开信息系统和自然科学新技术成果的基础之上。

第五，由于本模型是一个统计模型，因此统计规范和统计技巧的作用是非常重要和明显的。

四、人力资本参与企业收益分配的方式

（一）以物质利益分配为主的参与方式

人力资本与物质资本所有者有着共同的投资目的，因而在企业收益分配中人力资本也必然要求获得物质利益的报酬。人力资本的物质利益可从人力资本保全（亦可称之为保值）和人力资本增值两方面来考虑。其中，人力资本保全的收益部分，是指人力资本拥有者的工资性收入所得，包括以工资、奖金、福利等形式支付的现金、财物等。对于这部分报酬，从严格意义上来说，不能把它作为收益性分配，如同在生产中消耗掉的生产资料需要补偿一样，它是消耗掉的人的自然力的补偿价值，是为了满足人才再生产的需要。

1. 人力资本收益的初次分配——企业收益在人力资本与物质资本之间的分配

假设：HI=本年度人力资本所分享的收益，EI=企业收益，HCR=人力资本的贡献率，TC=企业总资本，EIR=企业收益率，SCV=物质资本的价值量，HCV=人力资本的价值量，则有：

$$HI = EI \times HCR = TC \times EIR \times HCR = (SCV + HCV) \times EIR \times HCR \tag{3—2}$$

式（3—2）中，物质资本的价值量 SCV 和企业收益率 EIR 是已知的，因此如何计量人力资本的价值量 HCV①和人力资本的贡献率 HCR，就构成正确计量人力资本所分享收益的关键。

一般来说，人力资本的生产费用由货币费用 MC 和机会成本 OC 构成。货币费用 MC 包括正规教育机构学习阶段，劳动者所花费的各项费用，如学费、书籍费、生活费、交通费、卫生保健费（卫生保健投资与教育投资相比较少可以忽略不计）等；机会成本包括劳动者因学习而放弃的劳动收入。因此，$HCV=MC+OC$。

然而，人力资本的价值量 HCV，并不是各项生产费用的简单相加。因为如果

---

① 人力资本的价值量 HCV，是人力资本在长期的生产过程之中，劳动者个人所花费的各种费用，各种费用之和构成人力资本的价值量。

劳动者不生产人力资本，而是将各项费用存入银行或购买股票。那么，经历小学、中学和大学等几个不同阶段的时间，它会产生一定数量的利息收入或红利。因此，人力资本的价值量等于各项原始费用加上它的增值额。

假设：HCV_m＝劳动者在不同时期所投入的各项货币费用和机会成本之和；

HCV_e＝小学阶段所投入的各项费用；

HCV_h＝中学阶段所投入的各项费用；

HCV_u＝大学阶段所投入的各项费用；

HCV_g＝研究生阶段所投入的各项费用；

HCV_s＝特殊才能者为提高某种特殊才能而在不同阶段超额付出的各种费用，包括更多的学习和研究时间、更多的货币支出等。这意味着，特殊才能不是天生的，而是更加勤奋、更多投入的结果。即：

$$HCV_m = HCV_e + HCV_h + HCV_u + HCV_g + HCV_s \quad (3—3)$$

式（3—3）指的是劳动者在不同时期所投入的各项货币费用和机会成本之和。

$$\begin{aligned} HCV &= \sum_{t=1}^{n} HCV_m(1+r)^t \\ &= \sum_{t=1}^{n} HCV_e(1+r)^t + \sum_{t=1}^{n} HCV_h(1+r)^t + \sum_{t=1}^{n} HCV_u(1+r)^t \\ &\quad + \sum_{t=1}^{n} HCV_g(1+r)^t + \sum_{t=1}^{n} HCV_s(1+r)^t \end{aligned} \quad (3—4)$$

式（3—4）所计量的是社会正常的或社会必要的学习费用，它并不排除极少数自学成才者同样具有等同的人力资本价值。式（3—3）中，r=1%、2%、3%……n%，为不同时期的利息率或投资收益率；t=1、2、3……n，即生产人力资本的投资起始时间至人力资本被估值时所跨越的时间长度。例如，估算从小学（6 岁）至硕士研究生毕业，按照连续时间计算，则所跨越的时间长度 n 为 19 年，若特殊才能还须经过攻读博士研究生以及博士后两年的研究工作，那么整个跨度时间 n 约为 24 年。

另外人力资本的贡献率 HCR 的确定也非常重要，因为它直接反映人力资本对企业利润的贡献。通过条件假设和逻辑推导，并借鉴柯布一道格拉斯生产函数，建立企业人力资本、物质资本投入与产出之间的函数关系：$Q = HCV^{\alpha} \times SCV^{\beta}$（$\alpha$、$\beta$ 均为参数），然后选用企业三年有代表性的人力资本、物质资本投入和产出的有关历史统计数据代入函数关系式并建立方程组：

$$\begin{cases} Q_1 = HCV_1^{\alpha} \times SCV_1^{\beta} \\ Q_2 = HCV_2^{\alpha} \times SCV_2^{\beta} \\ Q_3 = HCV_3^{\alpha} \times SCV_3^{\beta} \end{cases} \tag{3—5}$$

解方程组（3—5）便可求得α、β值，则$HCR=(HCV\times\alpha)/(HCV\times\alpha+SCV\times\beta)$，确定了$HCR$，就很容易求得$HI$。

2. 人力资本收益的再分配——人力资本所分享的收益在企业内部的分配

确定了本年度人力资本所分享的收益，解决了人力资本收益的首次分配问题，也即群体性的人力资本价值计量。至于人力资本收益的再分配——人力资本所分享的收益在企业内部不同个体之间的分配，可用人力资本比例分配法计算。由于在实行人力资源会计的企业，人力资本账户的金额是对每个职工工作能力、技术、成绩等综合测评而得来的，该账户又是按职工姓名设置明细账，所以在进行内部分配时以其为标准，具有较强的操作性。

假设：

AHI＝单位人力资本月平均分配收益；

HB_0＝人力资本账户的年初余额；

HB_1＝人力资本账户的年末余额；

HI_i＝第i个科技人才应分得收益；

HCV_i＝第i个科技人力资本的价值量；

N_i＝第i个科技人才贡献月份；

则：
$$AHI=\frac{HI/\left(\frac{HB_0+HB_1}{2}\right)}{12}=\frac{HI}{6\times(HB_0+HB_1)} \tag{3—6}$$

$$HI_i=AHI\times HCV_i\times N_i$$

与现行的其他分配方式相比，利润分享制分配方式的优点是显而易见的。

第一，它将科技人力资本的投入主体和其他生产要素的投入主体看做平等的投入主体，平等地分享企业的收益。能充分体现科技人才的主人翁地位，使科技人才的可贡献能力得到充分发挥，从而使企业内各种生产要素的所有者均能受益。

第二，由于科技人才素质的高低具体表现为其投入资本量的大小，素质越高，相应地转化为资本的价值越大，使高素质科技人才不仅可以获得更高的劳动补偿，而且可以分得更多的红利，这样就有利于促进科技人才积极主动地去提高自身素质。

第三，该分配方式充分体现了人才是最宝贵资源的观点，它不仅可以使人们清楚地认识到人才的价值，促使传统的重物轻人的管理模式向现代的以人为本的管理模式转变，增强企业的竞争力，而且有利于贯彻执行“四个尊重”的方针，在全社会形成与社会主义初级阶段基本经济制度相适应的思想观念和创业机制，营造鼓励和支持人们干成事业的社会氛围，让一切创造社会财富的源泉充分涌流，以造福于人民。

（二）以精神收益分配为辅的参与方式

20世纪30年代，著名的“霍桑实验”是管理史上的一件转折性事件。它揭示了物质利益并不是影响员工劳动生产率的唯一因素，人是社会人，一个人的发展取决于和他直接或间接地进行交往的其他一切人的发展。精神收益同样是影响员工劳动生产率的重要因素。因此，物质资本投资者以物质资本投资于企业，关注的是物质利益的回报；而人力资本所有者以人力资本投资于企业，其目的是在最大限度地获得物质利益的同时，还希望最大限度地满足精神生活的需要。

这是人力资本投资目的的二重性，决定了其收益分配形式的复杂性。人力资本所有者投入自己的知识、技术资本时，不单纯是为了获得物质利益，他们还看中了能较好发挥自己知识水平、创造社会财富的生存与发展空间。从投资与回报相配比的原则看，企业分配给员工的利益，应与员工对企业的付出相配比；而精神收益分配则可以弥补企业对员工物质利益分配的不足，其具体形式有评先、评优、晋级升职、后续教育和技术培训等。

第四章　人力资源需求决策

章首案例：中国大学生供求失衡现象的思索

国际经验表明，当人均GDP达到800～1 000美元时，消费结构性变化的标志是食品消费份额明显下降，教育、卫生保健、通信消费份额上升，成为消费热点。到1999年，中国的人均GDP已经超过了700美元，一些发达地区甚至超过了1 000美元；2003年，中国人均GDP首次突破了1 000美元的“贫困陷阱”，进入由低等收入跃至中等收入的起飞阶段；2006年突破2 000美元，2008年突破3 000美元，2010年突破4 000美元大关，这标志着中国经济进入了一个新的发展阶段。然而与国民经济和居民收入水平逐年递增不相适应的是，中国大学生的就业形势却日益严峻。

20世纪90年代后，国外学者主要通过大学生供给与岗位空缺需求之间的关系展开对大学生就业问题成因的研究。从需求角度，希金斯（Niall O'Higgins，2002）指出工作岗位的缓慢增长与大学毕业生的迅速增加形成反差；同时，存在大学生不愿意从事的工作岗位。

在中国，有不少学者持“大学扩招论”，即由于大学扩招导致大学生供给的突然迅猛增长，使其与产业结构升级换代之间的矛盾迅速激化，在企业技术水平的提高远远落后于大学生劳动力供给数量的增速时，大学生就业难的现状就不可能改变。

持“体制弊端论”的学者认为，劳动力市场的运行出现了体制性和功能性的障碍，导致劳动力市场上并不能有效地传达人力资源供给与需求的数量与质量信息，这主要表现在工资这个劳动力市场价格没有很好地起到调节供求的功能。比如，在人才流动中，中国呈现更多的是人才的单向流动，即从经济欠发达地区向发达地区流动。这主要是因为欠发达地区所能支付的价格（如工资收入、社会保障与福利、发展机会、流动性等）不足以补偿大学生的人力资本投资。因此，由国家实施西部大开发计划所产生大量人力资源需求，却没有足够的人力资源供给导致“就业难”

中的“用工荒”现象的发生。

20世纪60年代初，德鲁克首次提出“知识工作者”与“知识管理”的概念，并指出我们正在步入知识型社会。随后，20世纪80年代以来的“知识爆炸”告诉我们知识经济的到来，知识的极大丰富开拓了人们的视野，产品和服务中的知识含量越来越高，知识甚至成为了专门的产品和服务。企业的运作模式也已从传统的生产产品为主转向以人力资本、人才开发为主，知识已经成为一国经济发展的重要投入要素。知识经济不断推动着全球新技术革命，成为近十年来经济持续发展的源动力，具体表现在劳动力市场上，知识、技能和经验的回报越来越高，人们因此而更多地投资于教育。

在人力资源稀缺与理性假设条件下，劳动力市场中的雇主将遵循利润最大化的原则进行人力资源需求决策与行为，也即雇主在选、育、用、留的制度设计中，如何考虑岗位空缺与工作流动问题、招聘标准选择问题、员工搜寻问题、锦标赛与晋升激励问题、个人与团队的激励问题、职业歧视问题等；同时，雇员将遵循效用最大化的原则进行人力资源的供给决策与行为，也即求职者或在职者的工作搜寻和工作参与问题、职业选择与职业发展问题、个人发展与个人流动问题等。

一、人力资源需求的内涵

所谓人力资源需求，是指在一定的市场工资率下，雇主愿意并能够雇用到的某种既定质量劳动力的工时数或者人数。在市场经济中，企业之所以雇用劳动力，是因为劳动力与其他生产要素相结合，能够提供市场所需要的产品和服务。因此，人力资源需求是对产品和服务需求的一种派生需求。换言之，企业对人力资源产生需求，是因为社会对产品和服务有需求。很显然，一个社会对产品和服务的需求越大，在一定技术条件下，企业对人力资源的需求会相应增大。

人力资源需求与消费品需求有很多相似之处，比如它们都是购买意愿和支付能力的统一。如消费者对某种消费品的需求，其直接目的是通过物品的消费获得某种满足，但人力资源需求的直接目的则只是为了生产剩余，也就是为雇主提供利润。当这种生产剩余的能力为零时，需求量不会再增加。在市场经济条件下，需求量的大小与价格水平存在着相互依存的关系，比较的标准是价格水平。只有在确定的时点、确定的价格水平下，才能谈需求的变动问题。因此，人力资源需求的价格就是工资水平。

另外，劳动力市场是比较典型的非均衡市场。这主要表现在以下三点：

第一，工资的刚性条件。作为劳动力的价格，工资率具有相当大的刚性。因为人们的消费已达到一定水平，要退回去习惯一种更低的生活水平是很困难的。工资的刚性使价格机制往往不能在劳动力市场上充分发挥作用。

第二，工资不是影响人力资源需求的唯一因素。由于人力资源需求是派生需求，所以人力资源需求的数量除受工资调节外，还将受产品市场需求的调节。

第三，工资不是影响人力资源供给的唯一因素。引起劳动力流动的因素很多，包括政治、经济、文化、军事和环境因素等，但是深层次的决定因素是收入差距。无论是发达国家一般形式的劳动力流动，还是中国的劳动力流动，无不遵循一般规律，那就是劳动力从低收入流向高收入。劳动力的收入差距表现在劳动力市场上就是工资率的差距，每一个劳动力市场都有其均衡工资率，它既决定着劳动力需求，又决定着劳动力供给。当存在多个没有达到一般均衡的劳动力市场时，就会有多个不相同的市场工资率，这种工资率的差距引导劳动力在这些市场间流动，直到这些市场实现一般均衡为止。

尽管劳动是人的谋生手段，但是人力资源供给除受工资调节外，还要受产业间技术进步差异、劳动者的主观偏好和社会心理等因素的调节。

二、人力资源需求当期决策模型

在分析利润最大化企业的行为时，最简单的模型就是假设企业面临的劳动力市场和产品市场都是完全竞争的市场。

（一）产品市场和劳动力市场完全竞争：人力资源需求和工资决定

在完全竞争的产品市场，任何一家企业都无法影响市场价格，企业只能且必须接受市场定价。因此，无论企业销量有多大，产品的价格都是固定的，只能等于市场的价格。

现实世界更多呈现出不完全竞争的市场状态，而市场中的企业对产品的价格具有较大影响能力。比如，2012 年的“中超”和“亚冠”足球赛，针对夺冠呼声最高球队比赛的门票价格越来越高。这是因为门票供给数量有限，而人们对比赛现场观看的欲望越来越强烈，导致门票需求数量激增。因此，举办者只有操纵尚未销售的门票价格以达成供求均衡。

1. 完全竞争劳动力市场的假定条件

假定一：劳资双方是理性的并分别追求效用最大化和利润最大化。

假定二：劳资双方对他们赖以存在的劳动力市场环境具有充分信息，信息分布均匀，不存在信息非对称现象。

假定三：劳动力具有同质性，企业提供的工作机会在工作条件及其他非货币特征方面也具有同质性。

假定四：劳动力市场上供需双方为数众多，并且双方均无组织性，是工资接受者。

假定五：劳动力流动无制度障碍，流动成本为零。

在完全竞争的劳动力市场中，人力资源需求与供给将导致市场均衡价格的形成。由于劳动力价格是由工资水平来反映，因此完全竞争劳动力市场中将形成均衡工资，而这需要保证劳动力无障碍流动，也即只有当人们可以自由流动时，当某类企业产生对某类人力资源的需求时，人力资源才可以流动到那里去弥补这一需求，从而实现供需的平衡，以促进市场均衡价格的形成。如果人力资源不能流动，价格就不能完全反映市场均衡价格。

2. 人力资源需求数量的确定

在完全竞争的劳动力市场上，人力资源价格是由劳动力市场供求所决定。一个单独的企业是无法影响价格的，也就是说，如果一个企业想压低劳动力的价格是不大可能实现的。比如，发达城市的保姆市场经过多年发展已经是一个比较成熟的完全竞争的劳动力市场，雇主只能按照“行价”来聘请保姆，而且随着雇主对保姆技能要求的增加，保姆价格也一路飙升。一个较为典型事例是：在《脱颖而出》电视招聘栏目中“万元招聘高端育儿保姆”，最终一位在保姆市场打拼多年的 20 世纪 90 年代初的大学毕业生何亚晶竞聘成功。

（1）推导所用符号的经济学含义

首先，定义人力资源的边际生产率为新增一个单位的劳动力能够为企业带来产量的增量，资本的边际生产率为投入额外的单位资本所增加的产量，即：

$$MP_k=\frac{\Delta q}{\Delta k}，MP_l=\frac{\Delta q}{\Delta l} \qquad (4—1)$$

式中 MP（marginal product）——边际生产率；

k——资本投入量；

l——人力资源雇用量；

q——产量；

Δ——增量；

MP_k、MP_l——资本边际生产率和人力资源边际生产率。

再定义边际收益（marginal revenue）和边际收益产品（marginal revenue product），即边际收益为每单位产量的增加所带来收入的增加；边际收益产品为投入额外一单位的生产要素所增加的收益。

$$MR=\frac{\Delta R}{\Delta q}，MRP=MR\times MP \quad (4—2)$$

式中 MR——边际收益；

MRP——边际收益产品；

R——收益。

（2）短期经营时的人力资源需求量确定

在短期情况下，企业生产中用到的物质资源、机器设备的需求量相对较为固定，而人力资源的需求量却可增可减。与增加资本的投入相比，增加人力资源的投入更容易一些。比如，北京烤鸭店的店面和挂炉等都是资本，烤鸭店一经运营，店面较难扩张，随着烤鸭订餐量的增长，相较扩张店面而言，烤鸭店较为容易做到是聘请更多厨师、收银员和服务人员，以提高服务速度来应对产品需求量的增长。

在短期内，假设资本的运用量是固定的，人力资源在一定程度上可以调整，什么时候人力资源的雇用量是最优的？

当资本投入量一定时，劳动力最优雇用量是当新增一个单位的人力资源能够为企业带来的货币价值增量等于雇用该单位人力资源导致的成本增加，即：

$$k=\bar{k}，MRP_l=MP_l\times P=W \quad (4—3)$$

式（4—3）表明，在完全竞争的产品市场上，当人力资源的边际生产率乘以产品的价格等于人力资源的工资（W）时，人力资源的雇用量达到最优。需要注意的是此时价格（P）是一定的，工资（W）也是一定的。

经济学有一个最基本的归纳和原理，这就是著名的边际生产要素生产率下降的原理。无论是人力资源生产要素还是资本生产要素都遵从边际生产率下降这一原理，也即当生产要素雇用量增加时，生产要素的边际生产率会下降（$k\uparrow$，$MP_k\downarrow$；$l\uparrow$，$MP_l\downarrow$）；否则，如果没有边际生产率下降原理，企业只需要无休止地提高人力资源的需求量，会不断带来利润的增长。显然，这一情况在现实中是不存在的参见图 4—1。

在完全竞争的劳动力市场上，企业对于自己必须支付的工资水平是没有控制力的（即企业是“工资接受者”）。在这个时候，劳动力的边际费用就等于市场工资率。而工资还有名义工资和实际工资之分，名义工资就是货币工资的量，实际工资是用货币量能买到的产品服务的量。这样最优人力资源需求量就是在人力资源边际生产率等于实际工资时的雇用量，如式（4—4）所示。

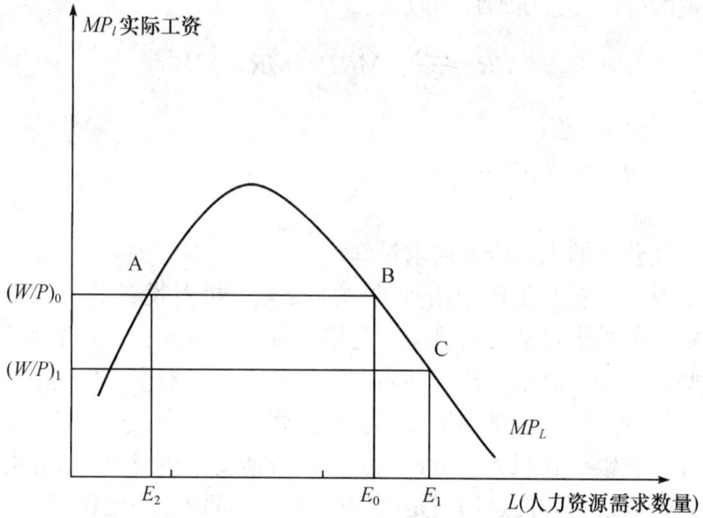

图 4—1　完全竞争市场条件下工资与人力资源需求量确定

$$MP_l=\frac{W}{P}\Rightarrow l=l^* \tag{4—4}$$

式中　l^*——最优人力资源量。

式（4—4）的含义是，在最优雇用量达到时，付给工人的工资应该与他的劳动生产率相匹配。这就体现了公平原则，也是市场经济条件下劳动力市场分配的最基本原则。

（3）长期经营时的人力资源需求量确定

当生产经营延续一定时期，企业既可以调整人力资源的雇用量，也可以调整资本的雇用量，什么时候资本和人力资源的雇用量达到最优呢？如式（4—5）所示，从企业利润最大化原理出发，资本的生产要素最优雇用量是当资本的边际生产率乘以价格等于资本的边际成本（即利息率）；人力资源的雇用最优就是当劳动力的边际生产率乘以价格等于劳动力边际成本（即工资）。

$$MRP_k=MP_k\times P=ME_k(=R),\quad MRP_l=MP_l\times P=ME_l(=W) \tag{4—5}$$

从式（4—5）可以推导出人力资源和资本同时变化时的最优化配置量：

$$MP_k\times P=R\Rightarrow P=\frac{R}{MP_k}$$

$$MP_l\times P=W\Rightarrow P=\frac{W}{MP_l}$$

从而，

$$\frac{R}{MP_k}=\frac{W}{MP_l} \tag{4—6}$$

式（4—6）的含义是生产要素达到最优化配置时，人力资本收益相对于成本应等于资本的收益相对于其成本。也就是说，在最优化配置时无论是将额外的资源配置到人力资源上或资本上所产生的额外收益应相等。当等式不成立时，如$\frac{R}{MP_k}>\frac{W}{MP_l}$，企业就应转移资源去雇用更多的人力。因为相对人力资源来说，资本的成本相对于收益增长快于人力资源的成本收益比。相反，如$\frac{R}{MP_k}<\frac{W}{MP_l}$时就应雇用更多的资本。

当前，在我国每年3月5日“两会”召开之前，经常可以看到很多中小型民营企业出现“用工荒”。这些企业均有一个特点即是薪资低，所做工种大多为繁复的手工操作，而这些原本可以通过技术改造实现机械化生产。反观欧美企业，我们发现这些企业是将更多的花费用在技术研发中，投入更多的资本以机械替代人工，从而实现在费时的重复性生产劳动中不断减少对劳动力数量的需求。

为什么在我国这些中小型民营企业宁愿“开工不足”，也不愿“技术改造”？这是因为中国还处于人口红利期，还存在大量的低技能富余劳动力，因此劳动力市场价格比较低。这样就算劳动力的生产效率并不高，但相较人工收益而言人工成本却非常小。所以，这些中小型民营企业在资本配置上，更多地倾向于雇用较多劳动力（L大，K小）。而在欧美国家，因各种保护劳动者权益的法律（如最低小时工资）限制，人工的工资成本相较发展中国家人工的工资成本要高很多。因此，这些欧美企业除了将生产转移至欠发达的发展中国家外，在其本土更多是将资本配置到资本上，配置到生产改造与研发环节上，以抢夺产品中高端的创意与设计高附加价值，而将微利的制造生产过程转嫁到发展中国家。

（二）产品市场或劳动力市场不完全竞争：人力资源需求和工资决定

1. 垄断的产品市场和完全竞争的劳动力市场

图4—2显示出在垄断的产品市场和完全竞争的劳动力市场条件下企业的定价与产量。如果是完全竞争的市场，市场均衡包含均衡价格P_c和均衡产量Q_c，而在不完全竞争的产品市场上市场均衡包含均衡价格P_m和均衡产量Q_m。与完全竞争的产品市场相比较，垄断产品市场价格要高，产量要低。

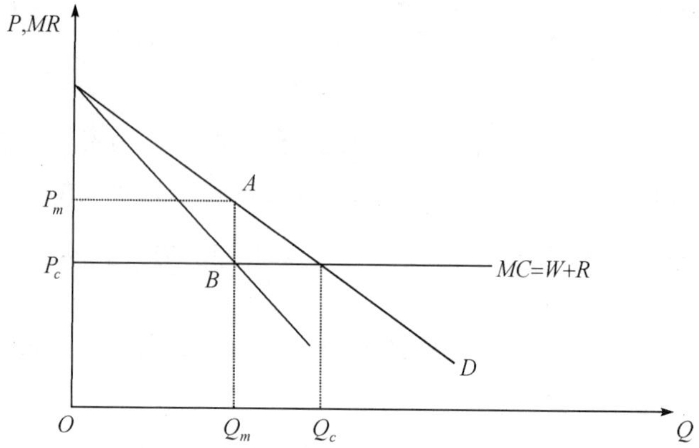

图 4—2　垄断企业的定价与产量

因为人力资源的需求是一种衍生需求，在不完全竞争的市场上，如果产量较低，企业对人力资源的需求也会比相同情况下的竞争性企业要低。垄断性的行业或企业由于有较高的利润，是否会付给工人较高的工资呢？上述模型并没有显示一个准确的预测。

在产品市场具有垄断地位的企业可以付给工人更高的工资，也可以不这样做。他们可以付给工人较高的工资是因为他们比在完全竞争市场上的企业利润要高。图 4—2 中 P_mABP_c 代表具有垄断地位的企业比在完全竞争市场上的企业多得的收入，用这额外的收入，企业可以提高企业内部工人的工资，但企业并非一定要这么做。在现实中，垄断行业的企业给工人的福利确实比较好，工人的工资水平也高一些。这就是为什么国家三令五申地强调工资指导线、工资预警线的政策，要严格控制一些国有垄断行业的企业给员工定的工资太高，员工工资增长过快的原因。

2. 完全竞争的产品市场和不完全竞争的劳动力市场

在这种情况下，雇用人力资源的企业在劳动力市场上具有一定的垄断地位。以居于河中心的某旅游景点为例，假设该景点所有游船均为一家企业所有；同时，有大量的船工愿意提供自己的劳动力，那么这家企业将在船工的雇用上具有垄断性，也即如果船工嫌工资低不愿意干，有的是愿意干的船工；另外，船主只需提高一点工资水平，就会有更多的船工愿意来工作。

在这种劳动力市场垄断的情况下，人力资源需求和工资水平是怎样决定的？

首先，产品市场是完全竞争的，在产品市场上每一产量带来的边际收益总是等于产品的价格。但是，劳动力市场是不完全竞争的。劳动力需求方有一定的垄断地位，在这种情况下，劳动力的边际成本并不等于工资，事实上劳动力的边际成本大于工资，参见表 4—1。

表 4—1　　完全竞争市场情况的保姆工资

雇用量 E（人）	工资 W（元）	总人工成本 TC（元）	平均成本 AC（元）	边际成本 ME（元）
1	2 000	2 000	2 000	2 000
2	2 000	4 000	2 000	2 000
3	2 000	6 000	2 000	2 000
4	2 000	8 000	2 000	2 000
5	2 000	10 000	2 000	2 000
…				

其次，在完全竞争的劳动力市场上，无论企业雇用多少劳动力，工资都是市价，参见图 4—3。而在劳动力市场上有一定垄断地位的企业，工资不是一定的，工资和雇用人数之间存在着正比关系。如企业提高工资水平，申请工作的人数增加，雇用人数也会增加，参见表 4—2。

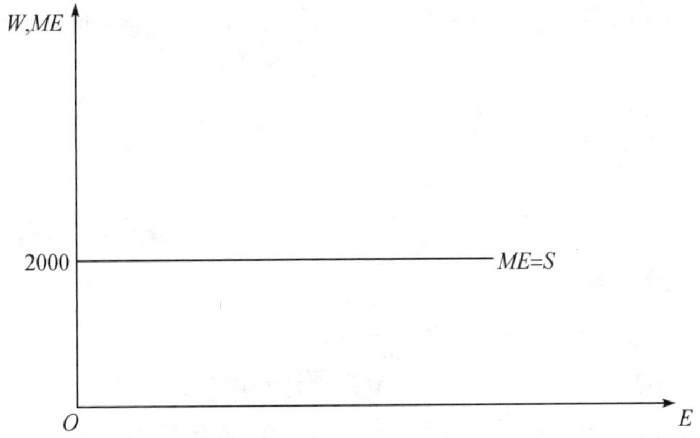

图 4—3　完全竞争市场情况的保姆工资

表 4—2　　不完全竞争市场情况的船工工资

雇用量 E（人）	工资 W（百元）	总人工成本 TC（百元）	平均成本 AC（百元）	边际成本 ME（百元）
1	4	4	4	4
2	5	10	5	6
3	6	18	6	8
4	7	28	7	10
5	8	40	8	12
…				

在图 4—4 中，纵轴表示工资，横轴表示雇用量。S 曲线描述了各个工资水平上船工的劳动供给量，也就是通称所说的劳动力的供给曲线。ME 为边际成本曲线，MRP 为企业的边际收益曲线。如果劳动力市场是完全竞争的，边际成本曲线和劳动力供给曲线是重合的。

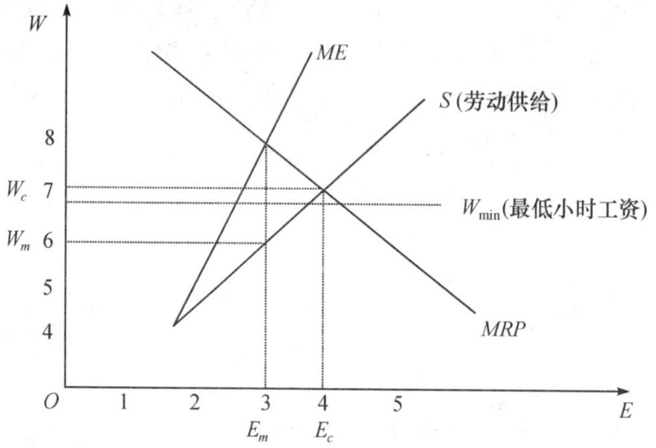

图 4—4　不完全竞争市场情况的船工工资

当 $MRP=ME$ 时，利润达到最大化。因而在竞争劳动力市场上的企业最优劳动雇用量为 E_c，应付 W_c 水平的工资。在不完全竞争劳动力市场上的企业为利润最大化，应雇用 E_m。根据供给曲线，在 E_m，工资水平应为 W_m。可见，与在完全竞争劳动力市场上的企业相比，有垄断地位的企业雇用的人数少，定的工资水平低。

用什么政策可以调整分配关系，以防止工人的工资水平被压得太低呢？可采用最低收入保障或最低工资水平的政策。制定政策时，还需要注意的是最低小时工资 $W_{\min}$ 要高于垄断劳动力市场上的工资 W_m，即 $W_{\min}>W_m$。

三、人力资源需求多期决策模型

我们在分析竞争性企业的短期劳动力需求行为时，曾假定企业拥有一定数量的资本，而且其资本的数量不能随工资率的变化而改变。然而，生产要发展，企业不可能永远不增加劳动力以外的其他生产要素。所以，在长期中，企业不仅可以通过调整它所使用的劳动力数量，而且可以通过调整资本的使用数量来对工资率的变化作出反应。这时，企业就可以通过同时调整劳动力和资本的使用数量组合来实现自己利润最大化的目标。

假设企业与员工间的雇佣关系只延续两期，第一期是投入期，也即企业在第一期雇用人力资源，雇佣关系会延续到未来的多期，招聘和培训集中在第一期的劳动关系中，这一时期集中表现为“企业花费招聘和培训成本的时期”；第二期是回报期，企业希望能够在第二期得到回报来弥补第一期的招聘和培训支出。

与这两期对应有两个工资水平，即企业在招聘期提供给员工的工资水平和在回报期的工资水平。这里考虑招聘和培训支出，但仍不考虑福利支出。与两期相对应还有两期工人的劳动生产率。

（一）没有培训的两期模型

当然，企业可以选择不提供培训，这样的模型就简化为一期模型，没有投入期和回报期的差别，企业从市场雇用到所需劳动力，给劳动力提供一个固定的工资水平，不管劳动关系延续多少期。从分析中得出这个工资水平就是在最优化的情况下企业给劳动力提供的工资水平，等于劳动力的边际生产率，即 $W=MP$，W 代表实际工资。所以，如果企业不提供培训，模型就相当于一个一期模型。无论是第一期或第二期，企业提供给员工的工资都等于员工的劳动生产率。

（二）有培训的两期模型

如果企业给员工提供培训，一般来讲，通过培训之后员工的劳动生产率会提高。这样工资和劳动生产率在投入期和回报期就有差别，回报期的劳动生产率会高一些。企业希望第二期在员工的劳动生产率提升后，可以从中得到回报来弥补第一期的招聘和培训支出。

1. 推导所用符号的经济学含义

W^*：企业在不提供培训的情况下给员工的工资水平，无论在第一期还是第二期工资水平都是相同的；

MP^*：企业在不提供培训的情况下，工人在两期中的劳动生产率；

W_1：在提供培训情况下企业在第一期即投入期提供给员工的工资水平；

W_2：员工接受培训后在回报期得到的工资；

MP_1：企业向员工提供培训，在第一期员工的劳动生产率；

MP_2：员工在回报期，即培训之后的劳动生产率；

Z：培训投入；

Time：时期；

Period 1：第一期；

Period 2：第二期。

模型涉及两期。我们知道同样的钱数在两期中真正的价值是不一样的，即不同时期，同样数量金钱的购买力是不同的。举一个简单的例子，今年的 100 元钱和明年的 100 元钱是不一样的。今年的 100 元钱更值钱，因为今年的 100 元在投资之后明年所得到的回报超过 100 元，等于 100 元加上一定的利息收入。反过来讲，一个人在今年或明年被给予 100 元工资是不一样的。今年的 100 元更值钱，明年的 100 元需要打一定的折扣。因我们的模型涉及两期工资，所以引入折扣率，用 R 代表折扣率。

2. 人力资源需求两期模型推导

如图 4—5 所示，如果企业不提供培训，那么工资总等于劳动生产率，用图 4—5 中的直线（虚线）来表示。而如果企业提供培训，第一期因为工人参加培训，再加上工人本身技术还未熟练，第一期工人的劳动生产率（MP_1）比较低，低于

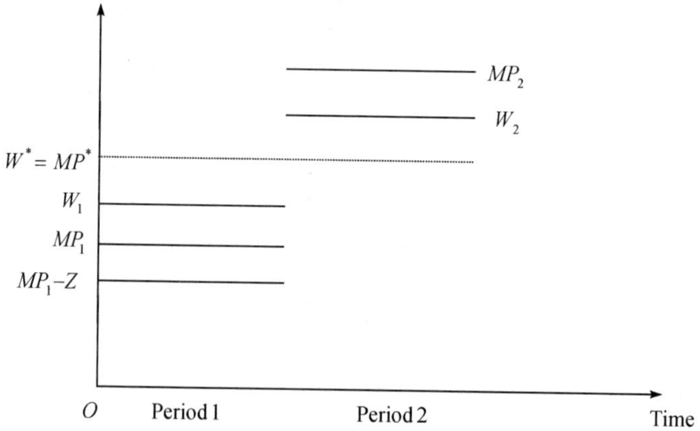

图 4—5　人力资源需求的两期模型

MP^*。

这体现了两种经营哲学：有些企业集中精力在招聘上，招聘一些本身技术水平较高，劳动生产率已比较高的员工，这样的企业为 MP^* 企业；而有些企业把精力集中在培训上，他们可能聘用目前劳动生产率还不是很高，但聘用了具有学习能力的员工，虽然员工还需要一段时间的培养才能为企业创造利润，但企业也不能把这批具有学习能力和未来发展潜力的员工工资水平降得太低。这样在第一期企业提供的工资是 W_1，W_1 高于 MP_1 水平，也就是在第一期企业雇用劳动力是赔本的。另外，企业还有培训支出，这样在第一期的损失更大了，第一期真正的损失是 MP_1-W_1-Z。

如果企业决定培训员工的目的是为了将来得到回报，那么第二期的工资设定要低于员工的劳动生产率，就是说 MP_2 要大于 W_2。

那么要大多少呢？可以作一个分析。需要注意的是成本支出和培训回报发生在两期，不能直接比较，所以需要把第二期的回报折算成现值来与第一期的支出相比较。

如果 $(MP_2-W_2)/R>W_1+Z-MP_1$，企业就能得到回报而弥补第一期培训支出，企业就应该决定培训。

如果 $(MP_2-W_2)/R<W_1+Z-MP_1$，回报无法弥补支出，企业就不应该提供培训。

式（4—7）体现了企业提供培训的条件：

$$(MP_2-W_2)/R \geqslant W_1+Z-MP_1 \qquad (4—7)$$

反过来，如果企业想知道在第二期制订多高水平的工资，才能保证能弥补第一期的培训支出，那么现在设定等号成立，即 $(MP_2-W_2)/R=W_1+Z-MP_1$，反过来推算 W_2 的水平。从这一模型中我们看到培训决策很像是投资行为，第一期的投资可能会有一定的成本和支出，希望在未来有所回报。企业在决定员工培训的时候也是一种投资行为。

从图 4—5 中还可以看到，提供培训的企业在第一期制订的工资比较低，要比那些不提供培训的企业工资水平低，即 $W_1<W^*$。这样在培训期间员工就可能会离开，跳槽到不培训的企业中去。为了能够挽留住员工，提供培训的企业必须向员工解释，在第二期时他们能得到较高的收入，在把两期工资结合时，提供培训的企业付给员工的工资并不比不提供培训的企业工资水平低，这一条就限制了提供培训的企业的第二期的工资水平。这个条件就转化为式（4—8）：

$$W_1+W_2/R \geqslant W^*+W^*/R \qquad (4—8)$$

反过来讲，假如企业想留住员工，他们要在第二期提供一定的工资水平，这个工资水平等于当 $W_1+W_2/R=W^*+W^*/R$ 时的工资水平。这样就将培训决定和挽留员工的条件结合起来，W_2 不能高于一定的水平。如果太高了，企业就无法得到回报；而从能够保留员工的角度来看，第二期的工资又不能低于一定的水平。

（三）人力资源需求多期模型

1. 人力资源需求两期模型中企业的选择

在两期模型中企业有很多选择：①企业可以在两期提供相同的工资 W^*；②企业在第一期提供比较低的工资，第二期提供比较高的工资；③企业在第一期提供比较高的工资，第二期提供比较低的工资。

从工资总量的角度来看，这三种选择实际上一样的，但对员工的激励作用却不一样。综合而言，第二种方案比较好，这是因为其有以下三大作用：

（1）保持员工队伍的稳定

企业不愿发生“常招聘”状态，由于越来越高的招聘成本及培训成本，使得企业更愿意所聘用人员能够保持稳定。因此，从保持员工队伍稳定角度考虑，一般企业所采用工资模式是“先低后高”，即第二种选择。对企业忠诚度不高的员工，他们会选择在两期提供相同薪资 W^* 的企业和第三种选择，至少这部分员工可在第一期得到不低于第二期的较高工资。

（2）甄选潜在高绩效员工

对企业而言，员工自身信息是不完全信息，也即有企业所不知道的信息存在，如其真实的工作效率和潜在可开发能力，这需要较长时间才能使企业辨识出发展潜力大的员工。而“先低后高”的模式能够最大化地降低企业寻找员工信息的成本。第一期企业提供较低的工资，第二期在获得信息之后，企业观察到员工业绩的好与差，能力的高与低，企业通过优胜劣汰方式辞退掉工作效率低表现差的员工。这样，企业仅以损失第一期低工资的代价，甄选出人岗不匹配的员工。与在第一期就提供较高工资模式的第三种方案比，企业采取这种“先低后高”的模式损失更小。

（3）激励员工

为解释这一点，我们需要把人力资源需求的两期模型延伸到人力资源需求多期模型上。

2. 人力资源需求多期模型

人力资源需求多期模型，我们通过图 4—6 来加以说明。

（1）人力资源需求多期模型的图形解释

在图 4—6 中，曲线 V 为工人一生的劳动生产率曲线。曲线 MU 代表工人一生的边际休闲娱乐时间的价值。随着工人年龄的增长，他们对休闲娱乐时间的需求越来越多，所以曲线 MU 是一条趋势向上的曲线。

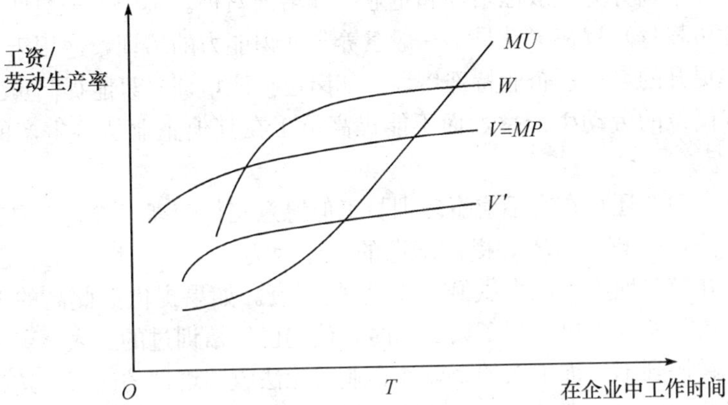

图 4—6　人力资源需求多期模型

情况一：工资 W 可以等于 $V=(MP)$。

情况二：先低后高的 W 曲线，指前期员工的工资低于劳动生产率（$W<V$），后期工资高于劳动生产率（$W>V$）。

如果工资曲线和曲线 V 重合，那么当曲线 MU 与曲线 V 相交时，每一小时的休闲娱乐时间的价值和每一小时工作的价值（即工资）是相等的。超过这一点，每一小时休闲娱乐的价值超过每一小时工作的价值，工人就会选择退休。

如果工人得到的工资是 V，那么在面临退休的最后几年中员工就没有工作的动力。他们每工作一小时得到的工资是 W；如果他们不好好工作，导致被炒鱿鱼，他们损失的工资和他们一小时休闲娱乐时间的价值相等。而如果他们得到的工资回报是 $W>V$，也即在退休前的最后几年，他们得到的工资回报高于他们休闲娱乐时间的边际效益；如果他们不好好工作，丢掉工作则损失就会比较大。这种模式的工资能够起到激励中老年员工的作用。而这种模式也会传达一个信息给年轻的员工：激励年轻员工勤奋工作，在中老年时得到补偿。

为防止工人无限期地工作下去，"先低后高"模式需与强制性退休的制度结合起来。工人到一定年龄，一定要退休，才能保证他们不会无限期地领取比他们劳动生产率高的工资。这种"先低后高"的工资模式在人力资源经济学中称为延迟工资（deferred compensation），就是工人年轻时的工资收入被延迟至年纪老时才得到的补偿。

(2) 人力资源需求多期模型的作用

1) 对企业是否提供培训及其培训内容的再认识。

通常企业培训分为一般性培训和企业特殊培训两种。其中，一般性的培训（如成人继续学历教育）旨在提升员工一般素养与通识能力的培训，适用于一切企业劳动生产效率提升的培训；企业特殊培训（如岗位技能培训）只能提高员工在某一个企业中专职岗位的劳动生产率，而不能提高员工在其他企业从事生产的劳动生产率。

现实社会中，还存在有不愿意培训员工但愿意支付较高工资去猎取其他企业成熟员工的做法，即 $W=MP_2$。提供培训的企业因为在第一期培训工人已经支出了一笔费用，在第二期不可能提供 $W=MP_2$ 的工资。如果提供如此高的工资，他们就不能收回第一期的支出。到了第二期时，他们已经培训过的工人，劳动生产率提高了，却会跳槽到不培训工人的企业，企业就无法收回培训的回报。这样，如果企业提供一般性的培训，企业很可能收不到投资回报，会损失利润。分析的结论是企业应该专注于提供跟本企业相关的具体培训，这些具体培训提高了员工在本企业的劳动生产率，但并不帮助员工提高一般劳动生产率，所以其他企业没有兴趣给这些工人提供比较高的工资水平而挖走这些人。

2) 对职场中年龄与性别歧视的再认识。

一般我们看到年轻的员工要比年老的员工、男性员工比女性员工更容易被招聘，进入企业后获得的培训机会也更多。为什么？如果将招聘和培训均当做一项投资来看待，是否能收回投资和将来回报有多少，这些均与回报期的长短有关系。员工在企业的工作时间越长，那么意味着投资回报期就越长，企业也越有可能收回招聘与培训中所付出的成本。

与年老员工相比，年轻员工显然能够工作的时间更长，也即可以在企业工作更多的期数，所以企业就越可能从他们身上收到回报，这就是为什么企业更愿意招聘和培训年轻员工的原因之一。

而对于女性员工而言，由于社会角色分配问题，使得她们对劳动力市场上的附属度比较小。比如，处于怀孕生产期的女性员工会自愿离开劳动力市场，在家庭与工作平衡中，更多的女性愿意为家庭而牺牲工作。另外，很多国家设置退休年龄时，女性员工比男性员工更早地离开职场。这就表明相较男性员工而言，女性员工的工作时长较短，即女性员工能为企业工作的期数更少。

无论是因为员工年轻，还是因为男性员工对于劳动力市场的依附率更高，这些因素均意味着年轻的男性员工相较老年员工与女性员工更会在企业工作多期，企业投资在这些员工身上更有可能收到投资回报。

另一个关联的问题是我们经常看到在企业辞职率较高的情况下，企业不愿向员工提供培训。这很容易理解，因为如果辞职率较高，那么以后收回投资的期数就比较少，企业难以收回培训投资，继而就不会投资于培训之中。

第五章　人力资源供给决策

章首案例：从无领到金领的职业选择

对于高校应届毕业生，他们一方面积极投入精力去求职，另一方面还加入申请保送研究生的竞争队伍。每每面对保研通知单和专业对口的知名企业岗位的聘书时，总是作着“读研还是工作”的两难选择。而当在职场中拼搏数年后，又将面临“留下来、升上去”“跳出来、走出去”，从无领向金领的选择。

传统意义上的外资知名公司，可能是人人仰慕和向往的，但不一定是人人追求的最终选择和必由之路。随着中国经济的飞速发展，政治体制进一步改革，越来越多的海外留学生毕业后或工作几年后选择回到中国就业。特别是面对职业生涯选择，大学生职业选择已不完全为报酬、名气所驱动。

随着中国政府对外开放的步伐日益加快，越来越多的外资企业进入中国，这是中国政府改革开放的产物，是中国政府鼓励的商业行为。摩托罗拉带来的几十亿投资，宝洁公司给中国消费品市场带来的营销管理理念和引导，无疑都带动了国内同行业的发展，使市场运作更加规范，把许多行业由原来大打价格战的恶性竞争逐渐引入到靠技术、靠管理的良性发展上来。竞争不仅激活了企业，而且在促使产品价格下降的同时保证了质量的不断提高，为消费者带来了更多的利益。外企在中国的发展，不仅创造了许多就业机会，也为国内市场培养了许多高素质的本土管理人才。这些人不论是继续留在外企工作，还是加入中资企业，都是在为中国的经济发展添砖加瓦。越来越多的毕业生选择进入外企工作，正是看中了外企的正规培训可以作为以后职业生涯的良好开端。

我们认为，无论是进入中资企业还是外资企业工作、无论是在国内读研还是出国深造，对于毕业生来讲都是很好的选择。从近年来的校园招聘情况来看，中资企业（如联想、华为等）不断向外资企业学习招聘经验，并在校园招聘时越来越专业化和有效率，吸引了大批优秀毕业生的加盟。

一、人力资源供给的内涵

所谓人力资源供给，是指在一定市场工资率的条件下，人力资源供给的决策主体（家庭或个人）愿意并且能够提供的劳动时间。同时，人力资源供给决策包括劳动参与决策（是否进入劳动力市场）与劳动时间选择决策（在个人可支配的时间中，在闲暇时间和劳动时间之间的选择）。

（一）人力资源供给层次

人力资源供给分为三个层次：

第一个层次为个体层面供给，是指人力资源拥有者一生向社会提供的劳动总量。

第二个层次为家庭层面供给，是指从家庭建立到家庭解体，家庭全体成员向社会提供的劳动量的总和。

第三个层次为社会层面供给，是指人力资源拥有者及其家庭为社会提供的劳动总量，即一个社会的经济活动所能利用的人力资源总量。

（二）人力资源参与率的界定

人力资源参与率是与人力资源供给相关的一个重要概念，它是衡量、测度人口参与社会劳动程度的指标。人力资源参与率包括总人口劳动力参与率、分年龄劳动力参与率、分性别劳动力参与率等。其中，总人口劳动力参与率指现实劳动力在一定范围内所有适龄劳动人口中所占的比率。

$$\text{总人口劳动力参与率}=\frac{\text{现实劳动力}}{\text{劳动总人口}}\times 100\% \tag{5—1}$$

$$\text{分年龄劳动力参与率}=\frac{\text{某年龄劳动力}}{\text{该年龄人口}}\times 100\% \tag{5—2}$$

$$\text{分性别劳动力参与率}=\frac{\text{某性别劳动力}}{\text{该性别人口}}\times 100\% \tag{5—3}$$

影响劳动参与率的因素有很多，如宏观经济状况；国家的社会经济政策、就业政策、生育政策等；劳动适龄人口规模；国家的教育事业发展和受不同教育程度的工资率差距；人们的商品意识程度和社会分工程度的深浅。

二、人力资源供给假设与人力资源供给变动规律

（一）人力资源供给假设

人力资源供给的假设一般包括以下三个方面：

假设一：劳动者是理性的经济人。表明在进行人力资源供给决策时，劳动者会充分权衡供给利弊，以追求效用最大化为目标。

假设二：人力资源同质化假设。也即劳动者提供给市场的人力资源只有数量的区别，而没有质量上的差别。

假设三：人力资源供给的市场结构是完全竞争的劳动力市场。

（二）人力资源供给变动规律

人力资源供给的变动是指在工资率不变的情况下，由其他因素的变动所引起的劳动力供给的变动。人力资源供给的变动表现为整条劳动力供给曲线的移动。

1. 效用与无差异曲线

所谓效用，是指从某种物品的消费中所得到的心理满足。这种满足的程度高即为效用大；反之，就是效用小。如果从消费中感受到痛苦，则是负效用。

因此，效用是一种心理感度，其量值大小取决于使用价值但又不同于使用价值，而效用评价又具有很大的相对性。

在分析人力资源供给的模式中，人力资源拥有者个人或家庭“消费”的劳动力可分成两个相互独立的部分，即闲暇时间和劳动时间。其中，“劳动时间”可获得货币报酬，可达到购买并消费商品的目的；“闲暇时间”则可获得正效用。

图 5—1 的横轴为闲暇 H，纵轴为劳动收入 Y，在 a 点劳动者消费 h_a 的闲暇和 Y_a 的劳动收入，其总的效用与 b 点即劳动者消费 h_b 的闲暇和 y_b 的劳动收入时的总效用相同。图 5—1 还告诉我们：

（1）在同一平面上存在无数条无差异曲线，同一条无差异曲线表示效用水平相同，不同的无差异曲线表示效用水平不同。

（2）在同一平面上，任意两条无差异曲线不相交。

（3）无差异曲线是一条斜率为负值、凸向原点的曲线。

（4）主体的偏好不同，无差异曲线的形状不同，即不同的人具有劳动收入替代闲暇的不同比率。

无差异曲线的斜率，即是与无差异曲线上任何一点相切的直线斜率，也是无差异曲线在该点的边际替代率。它的经济含义是在主体保持相同效用的条件下，增加（减少）一些闲暇时间，需要减少（增加）多少劳动收入的比，如图 5—2 所示。这是因为 $\Delta U=0$，也即 $\Delta Y^{*}MUY+\Delta H^{*}MUH=0$。而边际替代率 $MRS=-\Delta Y/\Delta H=MUH/MUY=-\mathrm{d}Y/\mathrm{d}H$。

2. 预算约束线

预算约束线表示个人在时间和劳动能力状况约束下，所能消费闲暇和获得收入

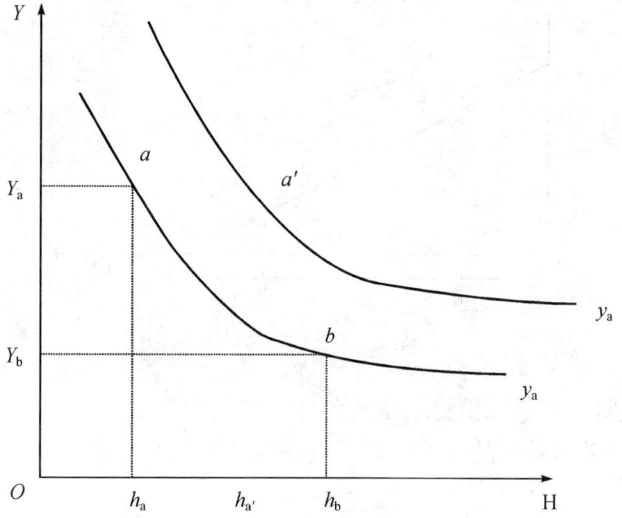

图 5—1　无差异曲线

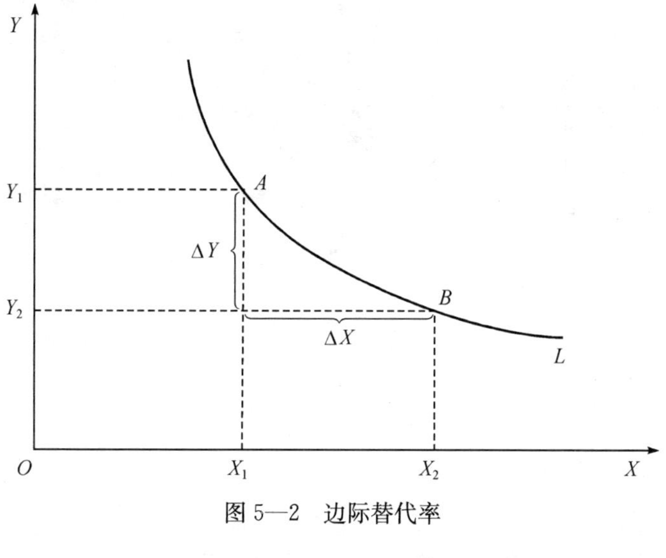

图 5—2　边际替代率

的最大组合线，如图 5—3 所示。由此，我们定义人力资源供给均衡，就是在资源约束的条件下，闲暇时间与劳动时间的组合能使人力资源拥有者获得最大效用的状态。

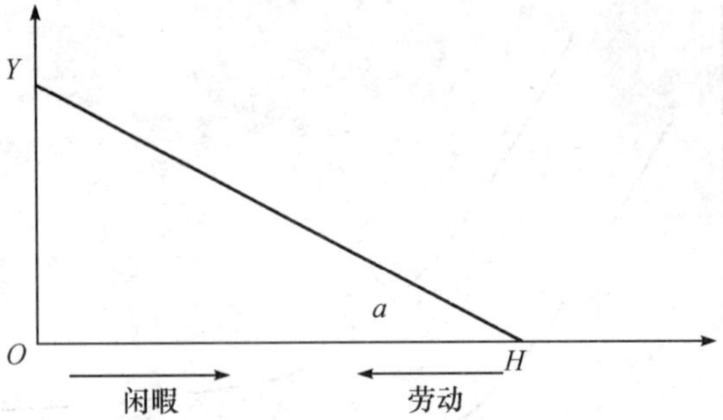

图 5—3　预算约束线

图 5—4 表明人力资源供给均衡的条件（即人力资源拥有者在资源约束的条件下获得最大效用必须满足的条件）是工资率等于边际替代率，即：$W=MRS$。

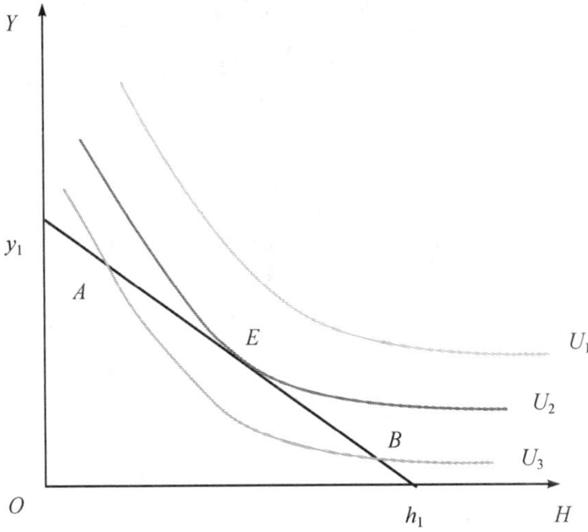

图 5—4　人力资源供给均衡

3. 人力资源供给变动规律

比如，对于家庭层面的人力资源供给而言，U 代表收入—闲暇无差异曲线，H 代表闲暇，Y 代表收入，W 为工资，$H-t$ 为制度规定的劳动时间，Y 为家庭由于户主参与劳动或其他原因已有的收入，a 为除户主外其他成员（如妻子）不参与劳动时家庭的财富和闲暇状况。而我们知道，家庭成员是否参与劳动，以能否取得最大效用为决策原则。图 5—5 告诉我们，随着预算约束条件的变化，人力资源供给者不断调整劳动时间与闲暇时间的大小及分配比例。显然，b 点效用低于 a 点，c 点效用与 a 点相同，而 d 点效用则高于 a 点。因此，当提供高于 W_2 的薪资时，家庭其他成员会参与劳动。

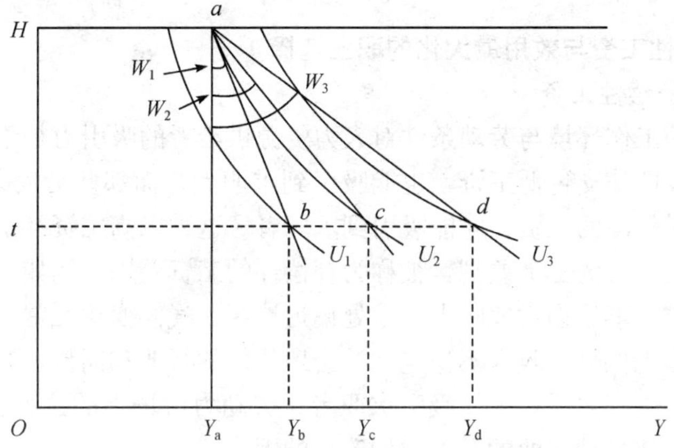

图 5—5　工资率改变时人力资源参与率的调整

在我国劳动参与率的生命周期有以下特点：男性、女性劳动力参与率的生命周期都呈倒“U”形，但男性劳动力参与率的总体水平比女性劳动力参与率高，特别是 25～55 岁年龄段男性劳动力的参与率持续保持高水平，一般均在 90%以上。多数国家和地区女性劳动力参与率的生命周期还会呈现出“M”形。

在经济运行过程中繁荣与衰退的周期性交替时期，还会出现“附加性劳动力假说”与“悲观性劳动力假说”。其中，附加性劳动力假说认为，在经济总水平的下降时期，由于衰退，一些一级劳动力处于失业状态。此时，为了保证家庭已有的收入水平，二级劳动力走出家庭，以期寻找工作。因此，二级劳动力的参与率与失业率存在着正向关系：失业率上升，二级劳动力参与率提高。

“悲观性劳动力假说”认为，在就业下降、失业上升时期，一些一级劳动力处于失业状态，但仍滞留在劳动力市场，而许多二级劳动力对寻找新工作机会的前景持悲观态度，因而宁愿退出劳动力市场而不愿作为失业者。因此，二级劳动力参与率与失业率呈反向关系：失业率上升，二级劳动力参与率下降。

三、人力资源供给决策：职业选择

雇用双方寻求最佳匹配的过程实际上是一个非常艰难的试错过程：从雇员的角度来说，追求的是总效用水平的最大化，而工作的货币方面和非货币方面都是影响其效用水平的因素；从雇主的角度来说，用于吸引雇员而提供的工资、弹性工作时间、工作安全保障、福利等都是影响其利润最大化决策机制的成本因素。同时，由于工人的偏好不同，雇主提供的工作所具有的性质、任务、环境等，都会影响雇员的职业选择决策。

（一）补偿性工资与效用最大化的职业选择

1. 什么是补偿性工资

千差万别的工作环境与劳动条件对人力资源供给者的吸引力是不一样的。工作环境好的岗位，即使支付低工资，也能吸引到求职者；而那些劳动条件差的岗位，只能且必须支付较高的工资，才能吸引到求职者。这种以高工资补偿不良的工作环境与劳动条件而形成的工资差别，被称为补偿性的工资差别。例如，在工作条件恶劣、安全设备差、事故伤亡危险大、地处偏远地区、气候变化无常、物价昂贵、福利待遇少、工作无保障、收入不稳定、社会地位低的行业和岗位，必须通过支付较其他岗位要高的工资水平，才能吸引求职者。劳动力市场上的这种补偿工资差别，实际上是一种促使各种职业的吸引力均等化的因素。

2. 补偿性工资理论成立的假设条件

补偿性工资理论能够成立，要基于以下三个假设条件：

第一，人力资源供给者追求效用而不是收入最大化。如果人力资源供给者追求收入最大化，那么所有人力资源供给者将总是选择能够得到工资最高的工作，最终将达到工资的均等化；相反，一些人力资源供给者宁愿从事低工资但更愉快的工作，补偿性工资差别就会出现。在这种情况下，工资数额不会相等，但所获得总效用倾向于均等。

第二，人力资源供给者充分了解所从事岗位的特征。人力资源供给者能够通过各种途径了解岗位的工作物理环境（如工作时间、空间、温度、湿度、粉尘、噪声、作业面的振动等），工作安全环境（如工作危险性、可能发生的事故、过去事故发生率、对人危害程度、劳动安全卫生条件、易患的职业病），工作社会环境（如工作所在地生活的方便程度、工作团体情况、工作环境孤独程度、上级领导工作作风、同事间关系）和完成工作任务时所需使用的工具、仪器和设备等条件。否则，补偿性工资的差别就难以产生。

第三，人力资源供给者可以自由流动。人力资源供给者可以根据个人的偏好，在一系列具有不同特征的工作中进行自由选择。否则，如果人力资源供给者只能从事危险性质的工作，那么对于工伤的补偿性工资差别就不会出现。正是人力资源供给者更愿意选择安全工作而不是危险工作的行为，迫使提供危险工作的雇主增加工资。

补偿工资差别的最根本原因是员工的主观偏好，它影响员工的职业选择。

3. 补偿性工资的作用与实证检验

补偿性工资有两个作用：第一，它刺激人们自愿地从事肮脏、危险或不愉快的工作，并对愿意接受这种工作的人力资源供给者支付额外的工资，作为一种补偿和奖励；第二，它对提供令人不愉快工作的雇主是一种惩罚，为了吸引到足够的人力资源供给者为其工作，他们必须支付一定量的额外工资。从整个社会劳动力分配的角度看，招收带给人们不愉快感觉的劳动力主要用两种方法：一是强迫人们去做这类工作，比如部队从事抢险救灾工作；二是诱导人们自愿地从事这类工作，比如通过提供补偿性工资来促使人们接受条件较差的工作等。

皮埃尔（Pierre）等人利用一些法国工厂 1988—1992 年的数据研究了工厂异质性对工资水平的影响，认为一个企业内部岗位消亡率越高，则对工人的补偿性工资水平就越高。实证研究结果表明，公司给员工带来的失业风险越低，则工人的工资水平就越低。① 理查德（Richard）研究了向员工提供健康保险的企业与没有提供的企业之间 25～55 岁男性员工的工资差别，利用了 1988—1990 年消费者支出调查（consumer expenditure survey）的数据。研究结果发现，健康保险相当于 10%～11%的工资，即提供健康保险的企业的工人工资要比同样条件下没提供健康保险的企业的工人低 10%～11%。②

（二）职业选择的其他影响因素

理性的人力资源供给者在进行职业选择时，除考虑效用最大化的心理因素外，更多还要比较所付出的成本（如人力投资成本、机会成本等）与所得到的收益（包括现实的和潜在的货币收入和非货币报酬）的大小，只有当收益大于或等于成本时，人力资源供给者才会选择接受这项工作。

在所有影响职业选择的因素中，工资对人力资源供给者职业选择决策的影响是最为重大的。这是因为，货币性薪酬是人力资源供给者生活水平的决定性因素，不过还有许多非货币性报酬则影响到人力资源供给者的生活质量。

为了便于成本与收益间比较，我们还需要将其中的非货币报酬进行货币化转

① Pierre Cahuc，Christian Gianella，Dominiiqu Goux，and Andre Zyllberber. Equalizing Wageand Bargaining Power Evidence from Panel of French Firms ［Z］. CEPR Discussion Papers No. 3510，August 2002.

② Richard D. Miller. Estimating the Compensating Differential for Employer-Provided Health Insurance ［J］. International Journal of Health Care Finance and Economics，Vol. 4，No. 1，2004：27－41.

换。一个可行的方法是：设定一个工资决定的数学表达式，抽取尽可能多的企业作为样本，来获得市场上关于工资水平与非货币工作特征的对应数据，通过各种统计分析得出工资水平与非货币工作特征之间影响关系的估计值。由此，能够得出某一项或某几项非货币工作特征的市场平均工资水平。

1. 弹性工作时间与职业选择

随着信息技术的高速发展，现代社会工作方式和人们对生活品质的追求发生了明显的变化，朝九晚五的传统工作时间受到越来越严峻的考验。在人力资源管理的实践领域，“弹性工作制”作为一种新兴的、更适应时代发展的激励方式应运而生。在一项调查中，33%的回答者认为弹性工作时间是工作中最具吸引力的特质。美国政府的调查研究显示，从 2001 年 2 月到 2005 年 2 月，独立合同工（independent contractors）的数量增长到 1 030 万人，占美国总体就业量的 7.4%。而对弹性化的需求也催生了对弹性工作培训的需求。在调查结果中发现，大多数人都是为了追求工作与生活的平衡，家长为了有更多时间照顾小孩，而电子商务人士可以通过网络随时随地完成他们的工作。[①] 爱尔兰经济和社会研究学会（Economic and Social Research Institute，2009）的研究也显示，弹性工作时间减少了工人的工作压力，并减少了工作—生活的冲突。[②]

弹性工作制是指在完成规定的工作任务或固定工作时间长度的前提下，员工可以灵活地、自主地选择工作的具体时间，以代替统一、固定的上下班时间的制度。比如，在每周 40 小时的工作时间内，有 8 小时员工可以自行安排，员工可以选择在常规的下班时间后到公司工作，甚至留在家中工作。这种制度之所以能够存在，是基于这样一个假设，即工人关心的不仅仅是金钱，他们还关心自主权。因此，个体在职业选择之初就应该对某项工作的工作时间安排有所了解，根据自己的偏好，来作出正确的选择。从雇主的角度来说，一般情况下，实行工作时间弹性制需要付出很大的代价，因而难以实现。

为了简化弹性工作时间对职业决策影响的讨论，我们假设与职业决策有关的其他方面的补偿性工资差别已经建立，即只考查在其他因素不变的条件下，弹性工作

① LearningAndLife. com. Top Career Choice for Flexible Work Hours：Independent Contractors ［EB/OL］. Nov. 29，2006. Http：//www. prweb. com/releases/2006/11/prweb482697. htm.

② Russell H，O' Connell P J，McGinnity F. The Impact of Flexible Working Arrangement on Work-life Conflict and Word Pressure in Ireland ［J］. Gender Word and Organization，Vol. 6，No. 1，2009：73－97.

时间这一单一因素对职业选择的影响。为了全面理解选择的过程及结果，有必要分别考查雇员和雇主双方的市场行为，即双方对工资和弹性工作时间的选择。

(1) 雇员的选择

如果雇主可以给予员工弹性工作时间的承诺，那么可以看做是对雇员的“奖赏”，这种“奖赏”对于提高员工的效用水平无疑是“有利的”。假设雇员的效用满足来自于两个方面：一是货币化的工资，二是弹性化的工作时间安排。雇主出于成本的考虑，通常不能同时为雇员提供高水平的工资和弹性很大的工作时间安排，因此雇员必须在这两者之间进行选择。

不同的个体对于弹性工作时间的偏好是不同的，即雇员对于雇主提供的自由安排工作时间“奖赏”的重视程度是不同的。阿兰与希斯克（Allan & Sienko）通过调查发现，个体偏好弹性工作的原因主要在于，弹性工作在时间上更自由，具有变化性和挑战性，有助于更新技能，能赚取更高的边际收入或额外收入。① 摩尔曼与哈兰德（Moorman & Harland）补充指出，喜欢弹性时间和离家近是个体选择弹性工作的另外两个动因。② 斯尼尔与哈帕兹（Snir & Harpaz）则挖掘了个体偏好对个体选择的影响，他们指出，现实中存在“工作导向（work-oriented）”和“闲暇导向（leisure-oriented）”两种不同价值观的劳动者，而灵活的弹性工作制能给闲暇导向的雇员和雇主都带来收益。因此，企业应该识别员工个体偏好背后的价值观类型。③

用无差异曲线来反映雇员对于工资和弹性工作时间的选择，如图 5—6 所示，任何一条无差异曲线上的各点所代表的工资和弹性工作时间的组合能够给雇员带来的效用水平是相同的。进一步观察，无差异曲线还具有以下三个特点：

第一，无差异曲线向右下方倾斜。这是因为弹性工作时间制度是一个对雇员“有利的”而非“不利的”工作特征。如果把工资和弹性工作时间都看做是商品，则雇员必须通过减少一种商品的持有，来获得更多的另外一种商品，即该无差异曲线的斜率是负的。

---

① Allan P，Sienko S. Job Motivation of Professional and Technical Contingent Workersa：Are They Different from Permanent Workers? [J]. Journal of Employment Counseling，Vol. 35，1998：169－178.

② Moorman R H，Harland L K. Temporary Workers as Good Citizens：Factors Influencing Their Organizational Citizenship Behavior Performance [J]. Journal of Business and Psychology，2002 (17)：171－187.

③ Snir R，Harpaz I. To Work or Not to Work：Non-financial Employment Commitment and the Social Desirability Bias [J]. The Journal of Social Psychology，2002 (142)：635－644.

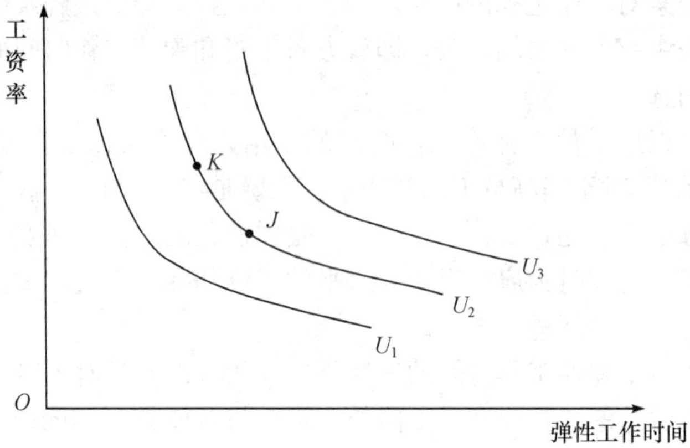

图 5—6　工资率与弹性工作时间的一组无差异曲线

第二，无差异曲线凸向左下方。这是与边际替代率递减这一假设相一致的。例如，在无差异曲线 U_2 的 K 点，工人得到的工资率较高，弹性工作时间较短，此时为了得到较长的弹性工作时间，工人愿意放弃较多的工资。而随着工人得到更多的弹性工作时间而损失更多的工资（沿着无差异曲线向右下方移动到 J 点），额外的弹性工作时间对员工的边际效用降低，即员工变得不太愿意为得到弹性工作时间而放弃工资。这很容易理解：通常情况下，雇主为雇员提供的前几个小时的弹性工作时间的边际价值很大，但如果雇员已经拥有很长的弹性工作时间，那么他再放弃工资来获得更长弹性工作时间的愿望就很小了。

第三，不同的无差别曲线所代表的效工用水平不同，无差异曲线之间互不相交。并且，右上方的无差异曲线表示更高的效用。因为在弹性工作时间相同的情况下，工资率越高，工人获得的效用水平就越高。图 5—6 中，U_3 所代表的效用水平高于 U_2，U_2 所代表的效用水平高于 U_1。

当然，不同的个体对弹性工作时间的偏好也有所不同。正如上面所提到的，与不太重视工作时间灵活性的雇员相比，比较重视工作时间灵活性的雇员为了获得相同的弹性工作时间而愿意放弃的工资较多。如图 5—7 所示，当弹性工作时间由 E_1 上升到 E_2，为了维持各自原有的效用水平不变，比较重视工作时间灵活性的工人 A 比不太重视工作时间灵活性的工人 B 所愿意放弃的工资更多。

（2）雇主的选择

通常，有三个原因导致企业偏好弹性工作制：一是弹性工作制有利于降低人工成本，增强企业的成本竞争力，因为弹性员工在工资尤其是福利和培训方面的支出

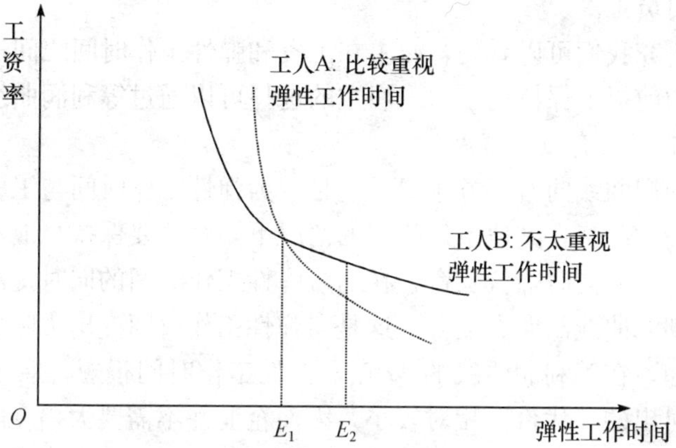

图 5—7　弹性工作时间重视程度不同的两个工人的无差异曲线

通常低于全职员工；[①] 二是弹性工作制增强了企业的生产灵活性，使企业易于适应多变的需求波动，并且顺应了企业"核心—外围（core-periphery）"发展模式和生产小型化、专业化的发展趋势；[②] 三是弹性工作制可以为企业寻求更合适的全职员工提供前期准备，可用于考查员工。[③] 领袖企业开始认识到，供不应求的劳动力市场、劳动力老龄化和对雇员信任度的依赖，使得现代企业可以通过工作多样化和弹性工作制在财务健康（financial health）和可持续发展（long-term sustainability）上获益。此外，应对并购带来的裁员潮，是企业大量使用弹性工作制的另一动因。而惠勒与贝克利（Wheeler & Buckley）则结合交易成本（transaction cost）理论和社会网络（social network）理论对企业选择弹性工作制的动因进行了有力的理论解释。[④] 生产类型企业为员工提供弹性工作时间的空间很小，为了吸引足够的工人，必须提供较高水平的工资；从事软件开发的企业可以允许编程人员在任何时候工作，甚至允许他们在家中工作，因此可以通过提供充足的弹性工作时间和相对较

---

① Allan P，Sienko S. Job Motivation of Professional and Technical Contingent Workersa：Are They Different from Permanent Workers? [J]. Journal of Employment Counseling，Vol. 35，1998：169－178.

② Garsten，Christina. Betwixt and Between：Temporary Employees as Liminal Subjects in Flexible Organizations [J]. Organization Studies，1999，20（4）：601－617.

③ Acs Gregory，Austin Nichols. Low-income Workers and Their Empolyers：Characteristics and Challenges [M]. Washington Dc：The Urban Institute，2007.

④ Wheeler A R，M R Buckley. Examining the Motivation Process of Temporary Employee [J]. Journal of Managerial Psychology，2001（16）：339－354.

低的工资来吸引员工。

从以上的研究我们可以看到，雇主在工资和弹性工作时间之间进行选择，目标是在控制成本的前提下保持竞争力。雇主的选择可以通过等利润曲线来表示，如图5—8所示，该曲线具有以下特点：

第一，等利润曲线向右下方倾斜。这是因为弹性工作时间与工资率对雇主成本影响的方向是一致的。在其他条件相同的情况下，企业要保持总成本不变，必须在延长弹性工作时间的同时降低工资，在缩短弹性工作时间的同时提高工资。

第二，等利润曲线凸向右上方，这是与弹性工作时间支出边际成本递增的假设相一致的。例如，在等利润曲线的 M 点，弹性工作时间很短，雇主提供一定的弹性工作时间所付出的“代价”相对较小，因而企业并不需要大幅度降低工人的工资水平。但随着弹性工作时间的增加（沿着等利润曲线向右下方移动到 N 点），企业提供弹性工作时间的“代价”将越来越大，甚至当弹性工作时间达到一定量以后，将会影响企业的正常生产活动。因此，在 N 点，等利润曲线的陡峭程度比 M 点大得多。

第三，不同的等利润曲线代表不同的利润水平，等利润曲线之间互不相交。并且，左下方的曲线代表较高的利润水平。因为在相等的弹性工作时间下，工资率越低，雇主的成本越低，利润水平就越高。在图5—8中，如果中间的等利润曲线代表利润水平为零，则这条等利润曲线的下方和上方的两条曲线分别代表利润水平大于零和利润水平小于零的情况。

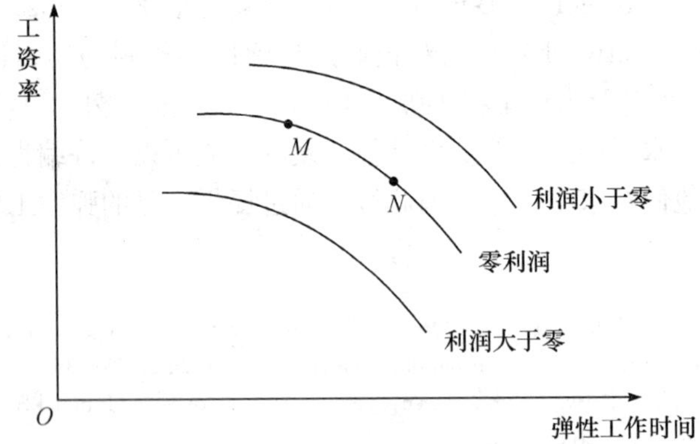

图5—8　工资率与弹性工作时间的一组等利润曲线

上面已经提到，不同企业由于其所能提供工作的性质不同，为员工提供弹性工作时间的难度程度（成本）也是不同的。对于提供弹性工作时间需要付出很高代价的雇主来说，为了保持利润不变，必须要大幅度地削减工人的工资，在这种情况下，等利润曲线比较陡峭，如上文提到的采用流水线方式进行生产的企业，其零利润曲线可用 XX' 曲线表示；相反，从事软件开发企业的等利润曲线比较平坦，其零利润曲线可用 YY' 曲线表示，如图 5—9 所示。

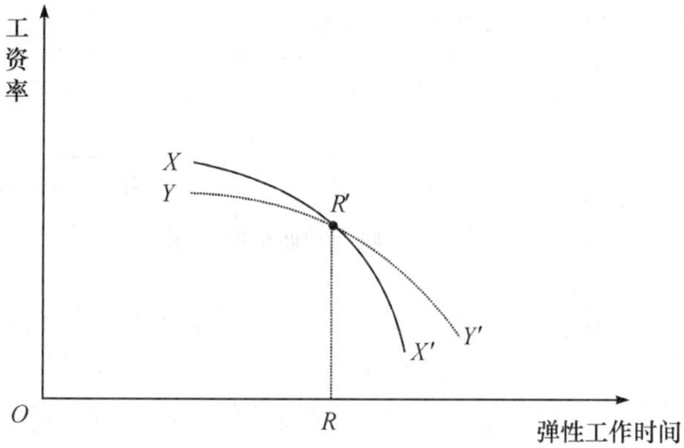

图 5—9　提供弹性工作时间难易程度不同的两个雇主的零利润曲线

在劳动力市场上供需的均衡，是雇用双方共同选择的结果。下面，将同时考虑追求效用最大化的雇员和追求利润水平最大化的雇主的选择行为。为了简化讨论，假设在劳动力市场上存在着对弹性工作时间偏好不同的两类个体 A、B，他们对工资和弹性工作时间的选择分别用无差异曲线 AA'、BB' 来表示。同时，劳动力市场上还存在着提供弹性工作时间难易程度不同的两类企业 X、Y，他们对工资和弹性工作时间的选择分别用等利润曲线 XX'、YY' 来表示。我们将不同的无差异曲线和等利润曲线放到同一坐标系中来分析均衡状态的实现。

从图 5—10 可知，重视弹性工作时间的员工 A 与不太重视弹性工作时间的员工 B 的选择是不同的。前者愿意接受雇主 Y 提供的较多的弹性工作时间和相对较低的工资水平，后者愿意接受雇主 X 提供的较少的弹性工作时间和相对较高的工资水平。这样选择的结果是具有不同偏好的个体在进行职业选择时进行了分流：那些希望得到弹性工作时间的员工最终会在能够提供较多弹性工作时间安排的企业工作，而那些不太在意弹性工作时间的员工最终会在时间安排严格并为此支付较高工资的企业工作。

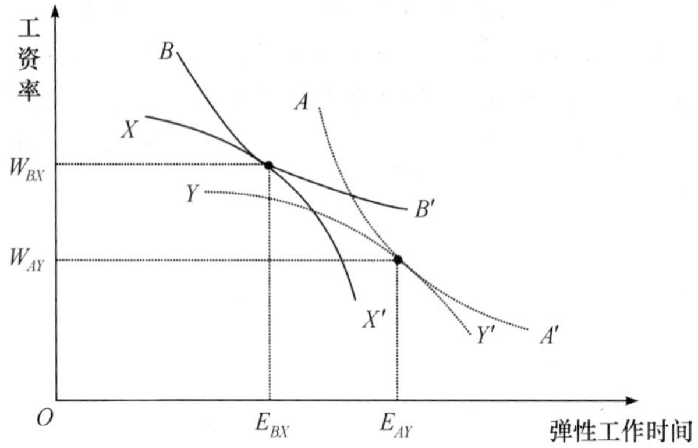

图 5—10　雇主和雇员的匹配

对企业而言，掌握员工是否愿意以及在多大程度上愿意通过扣除工资来换取弹性工作时间的信息是重要的。例如，如果员工愿意接受10%的工资扣除来换取5小时的弹性工作时间，而企业执行5小时弹性工作时间所导致的企业运行的成本增加低于10%的工资额（比如相当于8%的工资额），那么削减9%的工资并增加5小时的弹性工作时间，无论对员工还是对企业来讲，都是合算的。但是，把员工对"弹性工作时间"这种非货币因素的货币值正确估算出来，需要建立有效的指标，并运用经济学、统计学等大量的知识；同时，还要注意排除主观因素的影响。一个可行的方法是，通过对掌握的大量市场数据进行回归分析，得到不同工作特征的货币估值。

2. 工作风险与职业选择

"工作风险"是一种对于人力资源供给者而言"不利的"工作特征，比如煤炭企业"严峻"的安全生产形势。刘铁民（2005）将1974—2003年我国工业企业职工事故死亡指数与GDP增长指数进行相关性和线性回归分析，得出了"工伤事故死亡指数变化与GDP增长幅度出现明显的正相关"的结论，并计算出当GDP增长率为8.3%左右时，死亡指数可为1.00左右；当GDP增长率低于8%，尤其低于6%以后，工伤事故死亡人数可呈下降趋势；而当GDP增长率超过9%，尤其是超出10%以后，工伤事故死亡人数上升的几率会明显增加。①

（1）雇员的选择

① 刘铁民．橙色GDP及其演变规律［J］．中国安全生产科学技术，2005（2）．

根据补偿性工资理论，如果雇员接受一份伤害风险概率较大的工作，则可相应地获得较高水平的工资，反之亦然。如果将能够使工人产生同等效用水平的一系列工作风险概率与工资率的组合联结起来，就形成一条无差异曲线，如图 5—11 所示，它代表了雇员的偏好，该曲线具有以下特征：

第一，无差异曲线向右上方倾斜。这是因为工伤危险是一个“不利的”而非“有利的”工作特征，如果风险增加，为了保持效用不变，工资必须增加。

第二，无差异曲线凸向右下方，这是与边际替代率递减这一假设相一致的。例如，在无差异曲线 U_2 的 K 点，工人得到的工资率较高，面临的风险也较大。由于他每时每刻都处在危险之中，而且现有工资带来的商品消费水平也很高；所以，为了减少一定的风险，他愿意放弃较多的工资。然而，随着危险程度和工资率下降到 J 点，危险已不再是每时每刻都有，同时商品的消费水平也降低了。这样，他为了减少一定的风险而愿意放弃一定量工资的意愿也降低了。

第三，不同的无差异曲线所代表的效用水平不同，无差异曲线之间互不相交。并且，左上方的无差异曲线表示更高的效用。因为在同一危险程度下，工资越高，工人产生的效用水平越高。在图 5—11 中，U_3 所代表的效用水平高于 U_2，U_2 所代表的效用水平高于 U_1。

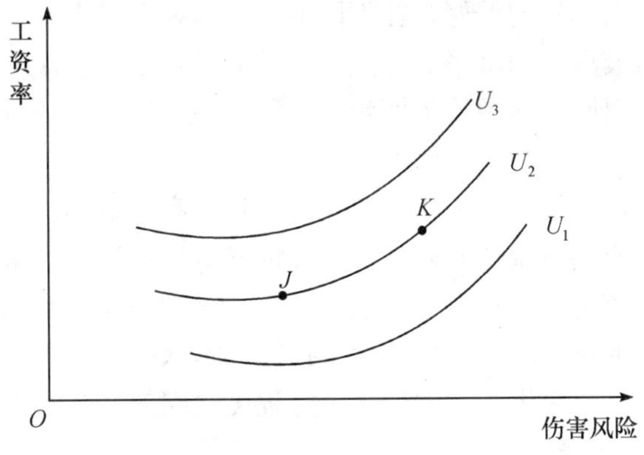

图 5—11　工资率与伤害风险的一组无差异曲线

当然，不同的人对伤害风险的厌恶程度是不同的。面对同一程度危险的增加，敏感者会要求工资大幅提高；而不敏感者，只要求较少的工资增长就可以保持效用水平的不变。因此，对工作风险敏感的工人的无差异曲线更陡峭。如图 5—12 所示，当伤害风险概率从 R_1 上升到 R_2，为了维持各自原有的效用水平不变，特别厌

恶风险的工人 A 比不太厌恶风险的工人 B 所要求的工资率的增加幅度更大。针对美国和英国的研究指出，女性比男性更厌恶风险，而结婚或有小孩的女性的风险厌恶程度更甚，由此导致职业隔离和性别工资差异。[①] 格瑞兹与斯隆（Grazier & Sloane）的研究指出，工作风险的上升会导致 49%的女性更换现有工作，而工资与男性的差距至少上升 1 个百分点。[②]

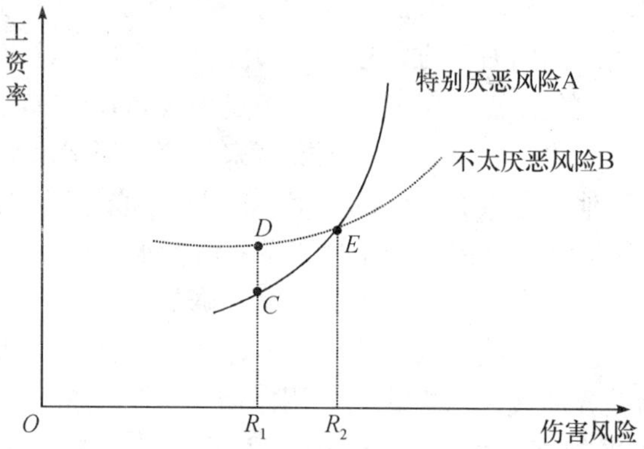

图 5—12　风险厌恶程度不同的两个工人的无差异曲线

总之，雇员根据自身的偏好，在不同的工资率和伤害风险的组合中进行选择，目标是实现可能的最高效用水平。但是，雇员的选择必须在雇主所能提供的工作约束条件之下进行，因此要实现均衡的状态，还必须考察雇主的行为。

（2）雇主的选择

对于雇主来说，减少雇员工伤危险需要支付很高的费用，如必须在机器上安装昂贵的安全装置，或牺牲生产时间为工人培训安全知识等。竞争的压力使很多企业在零利润的水平上经营，即在这一点上全部成本得到补偿，利润为零。这样，如果雇主制订一个减少工作危险的计划，为了控制成本保持竞争力，他必须降低工资水平。雇主在工资率与所提供工作的伤害风险程度之间的选择，可以通过等利润曲线表示出来，如图 5—13 所示，该曲线具有以下特征：

第一，等利润曲线向右上方倾斜。如上所述，在其他条件相同的情况下，雇主

① S Schaffner，J Kluve. Gender Wage Differentials and the Occupational Injury Risk：Evidence from Germany and the US［R］. RWI，Essen，Mar.，2006.

② Suzanne Grazier，Peter J Sloane. Accident Risk，Gender，Family，Status and Occupational Choice in the UK［R］. IZA DP No. 2302，Sep.，2006.

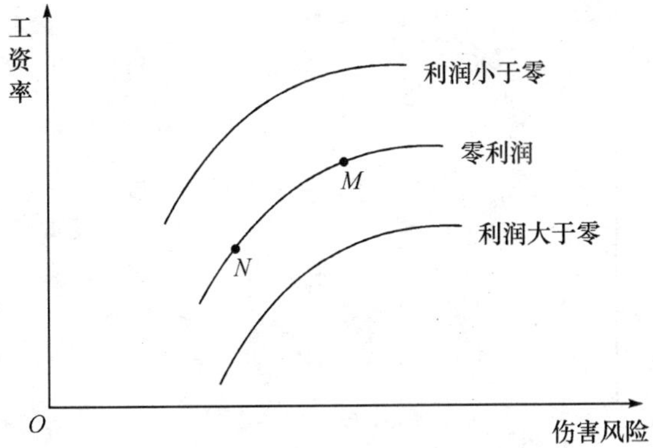

图 5—13 工资率与伤害风险程度的一组等利润曲线

方面倾向于提供与低工资相联系的低危险工作和与高工资相联系的高危险工作。

第二，等利润曲线凸向左上方，这是与安全支出边际收益递减的假设相一致的。例如，在等利润曲线的 M 点，工作危险较高，企业用于减少危险的第一笔开支将有较高的投资收益。这是因为企业在解决安全问题时，总是首先选择最明显、所需费用最低的危险点，将其消除。因为危险（和伴随的成本）减少比较大，为了保持利润不变，企业并不需要大幅度降低工资；相反，在 N 点，由于伤害风险已经很低，容易解决的安全问题都已解决，雇主进一步增大安全程度的投资收益率较低。因此，为了保持利润不变，必须大幅度降低工资。在 N 点，曲线的陡峭程度比 M 点大得多。

第三，不同的等利润曲线代表不同的利润水平，等利润曲线之间互不相交，并且右下方的曲线代表较高的利润水平。因为在同一危险程度下，工资率越低，雇主的成本越低，利润水平越高。图 5—13 中，如果中间的等利润曲线代表利润水平为零，则左上方和右下方的两条曲线分别代表利润水平小于零和利润水平大于零的情况。

当然，不同雇主消除危险的难易程度（成本）也是不同的。对于减少工作中的伤害需要支付很高费用的雇主来说，为了保持利润不变，在执行安全计划时需要大幅度降低工资，在这种情况下，等利润曲线比较陡峭；相反，在工伤风险比较容易消除的企业，等利润曲线比较平坦。图 5—14 中，XX'曲线代表的企业比 YY'曲线代表的企业较易消除工作伤害风险。

为了简化分析，假设在劳动力市场上存在着对风险偏好不同的个人 A、B，他

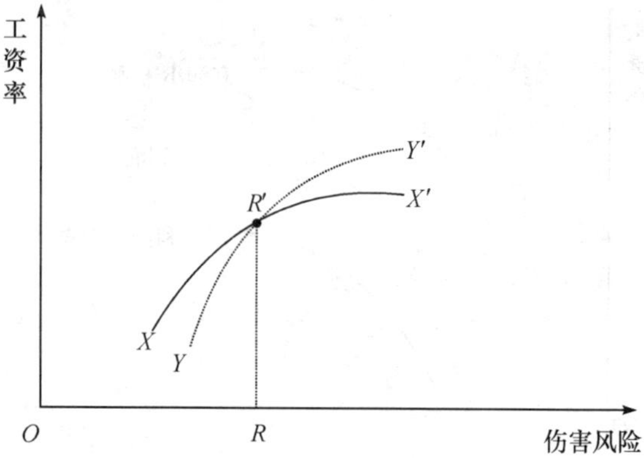

图 5—14 工资率与伤害风险程度的一组等利润曲线

们对工资和伤害风险的选择分别用无差异曲线 AA'、BB'来表示。同时，劳动力市场上还存在着消除危险难易程度不同的企业 X、Y，他们对工资和伤害风险的选择分别用等利润曲线 XX'、YY'来表示。将不同的无差异曲线和等利润曲线放到同一坐标系中，来分析在雇主所提供的工作机会的限制下，雇员如何进行职业选择。

从图 5—15 可知，在 W_{AX}的工资率和 R_{AX}的危险水平下，雇员 A 为雇主 X 工作可以达到效用最大化；在 W_{BY}的工资率和 R_{BY}的危险水平下，雇员 B 为雇主 Y 工作可以达到效用最大化。这样的结合并非偶然，进一步考察可以发现，如果 A 选择 B 接受的工作（W_{BY}和 R_{BY}），那么他达到的效用水平将低于 AA'。因为 A 对安全的要价很高，而雇主 Y 提供的工资 W_{BY}并不足以补偿这样高的危险水平；相

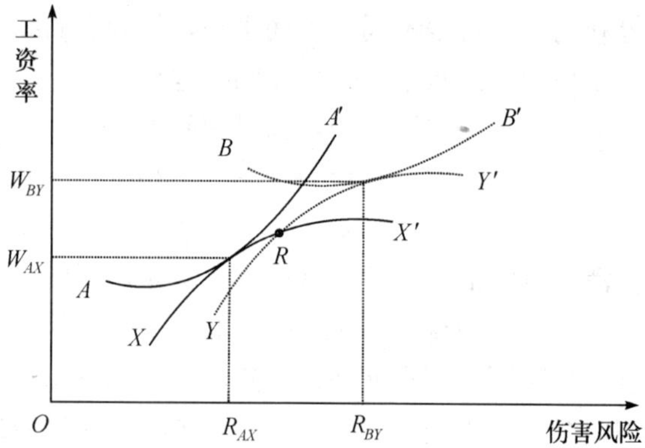

图 5—15 雇主和雇员的匹配

反，雇主 X 可以较便宜地“生产”安全，因此 X 将会提供较低危险程度的工作来吸引像 A 那样的求职者。同理，如果雇员 B 选择 A 接受的工作（W_{AX} 和 R_{AX}），那么他达到的效用水平也将低于 BB'。像 B 这类偏好高风险的雇员，会被在提供高风险、高工资工作方面有优势的雇主 Y 吸引过去。由此看到，工作匹配的过程实际上是企业提供工作机会和工人接受工作，并最大限度地实现各自利润最大化和效用最大化的过程。

自 2002 年 5 月 1 日起实施的《中华人民共和国职业病防治法》和自 2002 年 11 月 1 日起实施的《中华人民共和国安全生产法》是我国在职业安全领域中两部最主要的立法。根据国家标准《职业安全卫生术语》的定义，职业安全卫生是指“以保障职工在职业活动中的安全与健康为目的的工作领域及在法律、技术、设备、组织制度和教育等方面所采取的相应措施”。可见，职业安全立法的目的在于实现降低雇员与工作相关的风险的“理想”，但把这种理想作为社会政策来执行，对雇员的利益未必是最佳的。补偿性工资理论成立的前提假设是工人十分了解工作所隐含的危险，并且能够自由流动，从而选择最“适合”个人偏好的风险与工资率的组合。在这种情况下，当政府制定的职业安全法规和政策得到实施时，就会阻碍提供高风险高工资的雇主的行为，因而对风险偏好者来说是一种“惩罚”，这类雇员的效用水平会下降。当然，问题的关键在于补偿性工资理论成立的前提假设能否得到满足；如果不能，政府法规将会使得雇员的境况更好。

此外，雇员福利是雇员报酬的方式之一，它的优势在于为雇员提供相当大的税收优惠，劣势在于使雇员失去了目前拥有资产的资格。雇主为雇员提供的福利也是成本的一部分，因此雇主需要在支付现金工资和雇员福利之间进行选择。双方匹配的结果是，那些比较重视目前可花费现金的雇员选择高工资低福利的工作，而那些对雇员福利的税收优惠比较感兴趣的雇员选择低工资高福利的工作。

四、人力资源供给决策：工作搜寻

工作搜寻之所以广泛存在主要有两方面原因：首先，即使是在同一种职业内部，不同职工和不同工作之间也是千差万别的。其次，劳动力在市场找工作然后被企业雇用，这一交易的过程非常复杂，也非常耗费成本，而且这种交易不可能经常重复。所以，为了找到令自己满意的工作，在找工作这样的交易过程中多投入一些时间和精力仍然是值得的。

工作搜寻包括正式搜寻（有组织的，如职业介绍所、就业指导中心）与非正式搜寻（如亲友介绍、商店门口招聘信息），粗放搜寻（给感兴趣的企业寄简历，并未花太多时间去提高每一次搜寻成功的可能性）和集约搜寻（应聘前花大量时间了解目标企业，集中人力、物力、财力等，尽可能提高工作搜寻成功的概率）。

（一）工作搜寻的内涵

1. 概念的界定

工作搜寻的概念最早来源于斯蒂格勒（George J. Stigler）的搜寻模型，他指出求职者找工作就像顾客购买商品一样，都是在信息不完全的条件下进行最优选择的问题。[①] 其理论则需要追溯到 20 世纪 70 年代初麦考尔和莫藤森（John J. McCall & Dale T. Mortensen），麦考尔（John J. McCall）提出了序列寻访理论，用于分析初次进入劳动力市场的工作搜寻行为，另外他还提出了保留工资（reservation wage）的搜寻策略。[②] 而莫藤森（Morrtensen）对这些研究成果进行了完善的综述，根据他的归纳，可以将工作搜寻定义为求职者在劳动力市场中寻找其满意工资职位的行为。[③] 因此，工作搜寻理论就是在包括失业者在内的劳动力市场范围内，基于一些反映劳动力市场现状的假设条件，考察影响求职者工作搜寻行为的各种因素，以及这些工作搜寻行为对其自身和整个劳动力市场的影响。

2. 工作搜寻的分类

工作搜寻按照“搜寻状态”“搜寻范围”“搜寻强度”和“搜寻渠道”四个维度划分为四大类。可以用一个图来总结这四种区分工作搜寻的维度，如图 5—16 所示。

第一种从工作搜寻者的搜寻状态划分为失业搜寻（unemployment search）和在职搜寻（on-the-job search）。

失业搜寻是指失去工作专心求职的人，这些求职者往往会花大量的时间和精力去寻找工作。尽管存在一些无心仪工作就会主动退出劳动力市场的求职者，如家庭条件很好的家庭主妇。不过，多数的失业求职者还是很关注求职的成果。如果搜寻的结果不尽如人意，他们甚至愿意从事一些原本不乐意的工作或者降低对工资的要求。

---

① George J. Stigler. The Economics of Information [J]. The Journal of Political Economy, 1961 (69): 213—225.

② John J. McCall. The Economics of Information and Optimal Stopping Rules [J]. The Journal of Business, 1965 (38): 300—317.

③ Mortensen Dale T. Job Search and Labor Market Analysis [A]. Handbook of Labor Economics [C], 1984: 849—919.

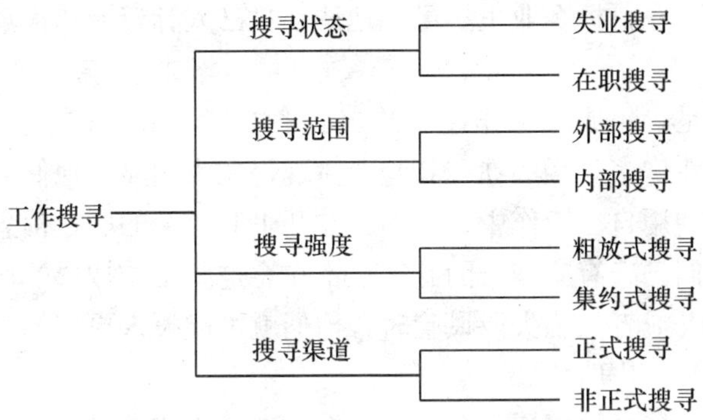

图 5—16 工作搜寻的分类

在此强调一点，工作搜寻者并不都是由失业者构成，还有相当大比例的寻找工作的人员是在职人员。他们在不影响自己的生活前提下，通过多付出一点时间或精力的成本去搜寻潜在的能够带来更多收益的好工作是值得的。

第二种从工作搜寻的范围划分为外部（external）工作搜寻和内部（internal）工作搜寻。

所谓外部，就是指整个市场范围；而所谓内部，是针对前面提到的在职者而言，即在其企业的内部劳动力市场（internal labor market）。对于外部工作搜寻，就是以整个市场中的部分企业作为搜寻样本范围的搜索，考虑市场中各个企业的工资出价及分布情况来尽可能搜索到能够获得最高工资水平的岗位；而内部工作搜寻是在职者在自己工作的企业内出于调换工作或以晋升为目的的工作搜寻，与外部工作搜寻不同，内部工作搜寻必须要考虑内部劳动力市场规则的限制性——因为任何企业都有其行政规则和管理程序，以及一些所谓的“潜规则”。虽然是在企业的内部搜寻，但是依然面临着外部的竞争压力，特别是在工资出价上，会受到来自外部市场的巨大影响，这些都是在职工作搜寻所要关注的重要部分。

第三种从工作搜寻的强度划分为粗放式（extensive）工作搜寻和集约式（intensive）工作搜寻。

粗放式工作搜寻是指人力资源供给者与各个招聘企业都有联络（如大学毕业生在网络招聘中的简历“海投”行为），但相对地却并不花时间和精力去提高跟待招聘企业的每一次联络，也就是不在意每次工作搜寻的成功率。

集约式工作搜寻是指人力资源供给者有针对性地挑选企业，对每一次机会均投入更多的时间与努力。比如，正式应聘前先研究企业的战略与产品、企业市场地位与发展前景，甚至在目标企业里尽可能地调动自己人脉资源和信息资源去增大自己应聘成功的概率。

值得注意的是，粗放式工作搜寻的求职者的求职战略往往是“先粗放而后集约”的，这一点在许多年轻的在职者身上体现得尤为明显。他们会经常主动地和猎头公司联系，并利用自己工作中结识的朋友和平时了解的职业信息去进行粗放式工作搜寻。由于他们已经有工作，因此往往不在意这些工作搜寻的成功率。但是，当他们决心“跳槽”或者面临失业风险时，他们就可能投入更多的时间和精力去关注一些特定的公司及工作职位。

第四种从工作搜寻的渠道划分为正式搜寻和非正式搜寻。

正式的工作搜寻指通过正规的组织渠道完成，如工作搜寻在高校的就业指导中心或者各类人才中介市场内完成。不过，越来越多的工作搜寻通过“熟人推荐”的方式进行。这就是一种非正式的搜寻，这种渠道就是通常所说的社会网络（social networks）。在今天，社会网络已经被当做人力资本之一，依靠社会网络进行工作搜寻是非常重要的一种方式。

（二）工作搜寻的基本模型——保留工资模型

工作搜寻模型（job search model）最初来源于一个现在被认为是“局部模型”的基本模型，它基于非常严格的假设条件，从比较成本与收益的角度描述了在不完全信息条件下寻找工作的求职者的行为，初步分析了环境或经济政策变化对求职者行为的影响。但是，由于工作搜寻不可能无限地进行下去，因此保留工资被引入了工作搜寻模型中，更加丰富了工作搜寻理论。

1. 工作搜寻的成本与收益

工作搜寻会带来一些直接和间接的成本。直接的成本包括交通费、电话费和简历制作费等。间接的成本（机会成本）则主要包括两个方面：一方面是工作搜寻花费的时间里所放弃的从其他活动可能得到的效用或收入；另一方面的机会成本更加重要，这就是当一个人决定放弃当前已经得到的工作机会继续进行搜寻时所放弃的收入。不难发现，工作搜寻的成本主要是机会成本（opportunity cost），而工作搜寻可以带来的收益是显而易见的。既然工作搜寻既有成本又有收益，那我们就从成本收益的角度用模型来考查工作搜寻。我们构造一个简单的工作搜寻模型[①]，阐述

① Caroline Joll. Developments in Labor Market Analysis [M]. London: Taylor & Francis, 1982: 75—82.

如何通过比较搜寻成本与期望收益，来确定理想的工作搜寻次数。

首先作出如下的假设：

(1) 求职者对劳动力市场工资出价的分布完全了解。

(2) 求职者每一次的工作搜寻都是各自独立的事件。

(3) 求职者追求的是工作搜寻所带来的期望收益的净收益最大化。

(4) 求职者是风险中立的，能使得净收益最大的搜寻次数就是求职者的搜寻次数。

由于每次的工作搜寻 W 都是独立随机事件，求职者随机期望收益实际上就是工资概率分布的一个期望值，设为 $E(W)$。如果求职者所搜寻的雇主的工资出价的概率为 $P(W)$，根据概率论基本原理可知：

$$E(W)=\sum_{i=1}^{n}W_iP(W=W_i) \tag{5—4}$$

随着搜寻次数 n 的增加，其最高期望工资 E^* 会逐步接近于工资出价中的最大值；显然，当 n 超过某一个值后，E^* 会逐步下降。其搜寻成本 C 会随着搜寻次数的增加而逐步上升，假定其固定成本 C_f 为零，于是：

$$C=C_f+a\cdot n=a\cdot n \tag{5—5}$$

式 (5—5) 中，系数 a 为每次工作搜寻所花费的成本。当求职者多增加一个寻访企业所产生的边际成本等于其边际收益时，求职者就停止搜寻，也就是 $\frac{E^*}{n}=C=a\cdot n$ 时停止搜寻。

需要指出的是，当每次搜寻的成本提高时，也就是成本曲线 C 的斜率上升，

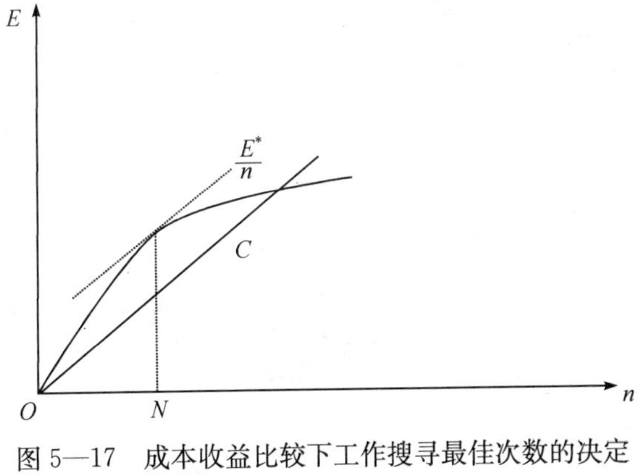

图 5—17 成本收益比较下工作搜寻最佳次数的决定

那么相应的最佳搜寻次数必然会减少，如图 5—17 所示。这表示，随着边际搜寻成本的上升，搜寻的效率下降，求职者找到自己满意的工资水平更难，市场匹配的效率也相应下降。假如，这个边际搜寻成本继续趋近于无穷大，那么搜寻的次数会接近于零，这意味着劳动力市场已经失灵。但是，在现实的劳动力市场中，即使完全了解市场工资出价的分布情况，也很少有求职者会事先确定一个搜寻次数再开始搜寻。因此，我们需要从另一个角度分析工作搜寻，也就是第二类工作搜寻模型分析的角度。

2. 保留工资模型

在现实中，相当多的求职者都不会确定一个搜寻次数后再展开工作搜寻。人们的工作搜寻过程很可能是这样的：当他开始进行工作搜寻时，他并不知道自己将会搜寻多少次。由于预期到较高的工资出价搜寻到的概率很小，尽管他知道劳动力市场工资出价的分布信息，但并不确定具体企业的具体出价。因此，在不可能穷尽搜寻的情况下，他确定一个可以接受的最低工资出价，而这个最低的工资出价就是保留工资，将其设为 W_1。再假设雇主对求职者的最低雇用标准 W_2 是不同的，并且随着其工资出价的增长而增加。如果市场的工资出价分布为 $f(w)$，如图 5—18 所示，可以看到，W_1 和 W_2 之间的阴影区域就是求职者所能找到的全部出价情况。这里，工资出价分布曲线 $f(w)$ 与横轴之间的面积为 1。也就是说，包括了劳动力市场上所能找到的全部工资出价。因此，阴影面积即为这个求职者找到工作的概率。显然，当求职者的保留工资 W_1 较低，而雇主的雇用标准 W_2 也很低时，求职者能找到工作的概率很高，相应的其失业期也会缩短。一般来说，W_1 是在 W_2 的

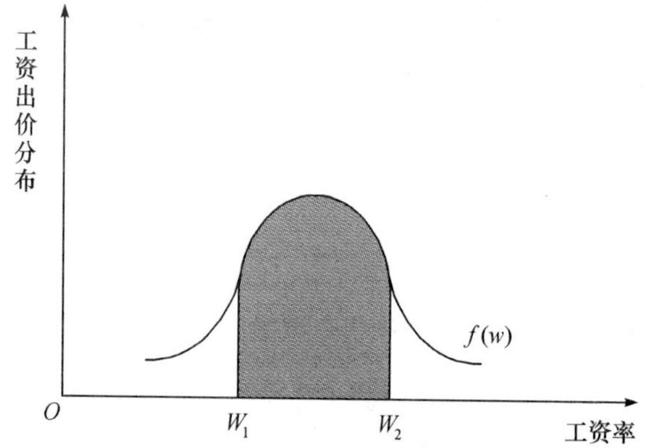

图 5—18 保留工资下工作搜寻最佳次数的决定

左侧。这就是说，雇主的最低雇用标准要高于求职者的保留工资水平。但是，也存在一个极端的情况，就是最低雇用标准低于求职者的保留工资水平，这就意味着求职者将会找不到工作。

在中国，许多大学应届毕业生、农村剩余劳动力和城市下岗职工难以找到工作，一个重要的原因就是尽管这些人群的保留工资都不高，但仍然高于雇主最低的雇用标准。或者说，雇主所愿意支付的工资低于这些人群的工资要求，这种现象主要是由经济社会发展水平和市场供求状况决定的。当这些人群的技能水平过低时，由于经济社会的快速发展进步，就可能无法胜任其所期望找到的工作要求；而当劳动力市场供求关系改变时，雇主的最低雇用标准可能大幅度地提高，否则就可能招不到自己想要的员工。蔡昉（2007）认为，中国已经进入劳动力相对过剩到劳动力相对短缺的变化时期，城乡劳动力普遍短缺的情况开始出现，已经从沿海地区蔓延到中部地区甚至劳动力输出省份。作为劳动力短缺的一个必然后果，20 世纪 90 年代末以来，城市正规劳动力市场每年都经历着两位数的工资上涨。这不仅发生在垄断行业，也发生在那些主要吸收普通劳动者就业的制造业等行业。作为相对滞后的反应，农民工的工资水平也相应提高。①

如果进一步思考保留工资是如何确定的，会发现两类工作搜寻模型其实是相关的。从理论上说，如果工作搜寻者事先了解全部的市场工资出价分布，无论是事先确定工作搜寻次数还是确定保留工资其实都基于一个共同的预期——能找到较高工资出价的工作的概率很低。而且，两类模型都关注工资出价的分布概率密度，这其实又是基于另一个预期——将整个市场全部搜寻完是不可能的。正是由于找到较高工资出价的概率很低且将整个市场全部搜寻完毕是很难做到的，因此求职者才会考虑设定一个最低工资期望值，也就是相对的比可能存在的最高工资出价水平低的一个工资水平。那么这个降低的程度如何确定呢，也就是相对低的具体幅度是多大？工作搜寻者在确定这个幅度时，其实在考虑有限的搜寻次数内可能找到的最高工资出价——因为不可能搜寻很多次。而这个预期的最高工资出价，就是一定搜寻次数下的期望收益。也就是说，按照保留工资理论进行工作搜寻的求职者其实在搜寻之前就已经进行了成本收益的比较，然后粗略地估计出一个合理的保留工资的具体水平。许多受过高等教育的人会移民发达国家，一个原因就是他们要收回自己的受教

① 蔡昉．中国劳动力市场发育与就业变化［J］．经济研究，2007（7）：4－22.

育成本，其保留工资水平往往较高，而本国往往适合受教育人口的就业岗位相对更少。[①]

再考虑现实的劳动力市场情况，对于单个或者少数的求职者来说，了解整个市场的工资出价分布往往是不可能的。因此，无论是最佳搜寻次数还是保留工资，都是在已经了解的工资出价分布情况基础上推测的。随着所了解的工资报价不断升高，这个求职者可能就会相应地不断调高自己的保留工资并且继续搜寻下去；反之，如果他发现更高报价的工作很难找，新了解的工资报价甚至都低于原来的工资出价，那么他甚至可能会回头去找原来的工资出价，或者又降低自己的保留工资水平。在这个过程中，求职者调整保留工资的依据就是自己对成本收益的预测。这时，无论是确定最佳搜寻次数还是确定保留工资都是一样的，这两类工作搜寻模型之间实践上并没有本质区别。

事实上，保留工资的影响因素除了求职者获得的市场信息外，还和求职者的个人就业状况、知识技能、阅历以及价值观取向等诸多因素相关。对中国下岗失业人员的研究表明，男性比女性的保留工资约高 15%；知识技能对保留工资影响很大，大专或以上学历比小学学历的保留工资约高 35%，高技能者比无职称者的保留工资高出约 28%。[②] 值得一提的是，保留工资和家庭开销没有明显的相关性，只和家庭成员的数量略呈负相关。而对中国应届大学生的调查表明，中国应届大学生的预期工资比其实际工资明显要高，[③] 其平均幅度超过 30%以上，明显高于欧美国家的水平。另一方面，这些大学毕业生在工作搜寻过程中，其保留工资普遍处于一个不断下降的过程。这种现象，表明我国大学生主观的自我认知偏差以及我国亟待改善的高校就业指导和就业服务。

3. 保留工资模型对工作搜寻的影响

保留工资模型有三个值得分析的部分，即保留工资水平、最低雇用标准和两者之间的差距。

首先，保留工资水平对工作搜寻的影响。在就业率一定的基础上，保留工资水平的提高，意味着求职者就业的工资水平上升。而在决定保留工资的因素中，有一些诸如信息不对称、就业服务不到位等造成保留工资的下降是值得关注的。例如，

---

① C Simon Fan，Oded Stark. International Migration and “Educated Unemployment [J] . Journal of Devellopment Economics，2007，(83)：76－87.

② 董志强，蒲勇健．失业劳动力保留工资影响因素的实证研究 [J] ．中国软科学，2005 (1)：23－59.

③ 曾湘泉．变革中的就业环境与中国大学生就业 [J] ．经济研究，2004 (6)：87－95.

对于应届毕业生来说，如果政府和高校以及一些社会机构可以提供高质量的就业服务，那么应届毕业生就能更容易找到自己满意的工作，相应的企业也可以找到最合适的人才。这样，大学毕业生就不必刻意调低自己的保留工资，市场的匹配率也会明显提高。

其次，最低雇用标准对工作搜寻的影响。在劳动力市场上，经常会看到很多企业有不同的最低雇用标准，而不同求职者所面对的最低雇用标准也不尽相同。这通常由两种情况造成：一个是存在通常说的“走后门”现象，一些人员尽管技能无法达标却依旧被雇用；再一个就是由于户籍、性别、民族等因素造成的雇用标准不一，这就是通常说的就业歧视问题，这客观上造成一些弱势群体更加难以就业。尽管就业歧视已经被法律所明令禁止，但是即便是在发达的欧美劳动力市场，依旧存在歧视问题，特别是对外来移民的歧视。而在我国，就业歧视的问题依旧是众多学者呼吁政府努力改善的方向。

最后，最低雇用标准和保留工资之间的差距也是值得思考的问题。一方面，如果这个差距能尽可能小，就意味着劳动力市场的匹配率很高，就业人口的工资水平达到了市场所能提供的最佳水平，这无疑是理想的状态；但是，从另一方面来说，如果这个差距很小，甚至保留工资水平高于最低雇用标准，也意味着求职者就业的成功率可能大幅度地降低，待业的时间可能会因此延长。这有可能是面对良好的就业环境，求职者变得更加挑剔，提高了自己的就业期望值；也可能是就业环境急剧恶化，如在经济危机背景下，众多行业对招聘新员工非常审慎，使最低雇用标准明显提高。

4. 保留工资模型的局限

任何经济模型都有其局限性，保留工资模型也不例外。保留工资模型假定，雇主的最低雇用标准和最低出价工资是相同的。而实际上，在劳动力市场经常出现有些雇主的工资出价大大高于其最低雇用标准；另外一些雇主，其最低雇用标准要求很高，但是工资出价却不高。如果能考虑市场供求关系、具体企业和行业的特征，这些现象都是不难理解的。例如，在劳动力很紧缺的情况下，企业出于立即解决当前劳动力不足问题的考虑，经常会高薪聘请人才。另外，我们还会发现，相同技能的求职者最后找到的工资出价水平几乎都不相同，有时候这个差别甚至是惊人的。也许，很多时候这一现象确实和个人的“运气”和求职能力有关。但是从整个市场去看，如果出现明显的差异化，则必然存在一些值得研究的问题。针对这些问题，许多西方学者都在努力尝试完善现有的理论模型。对于这些问题，新近的一些研究就试图通过完善传统的工作搜寻模型来进行解释。玖里维特（Gregory Jolivet）等人所构建的工作搜寻模型，就与欧美国家的相关就业数据很匹配。他们在原有的经典模型和模型拓展的基础上，有选择地整合并考虑到一些劳动力市场的现实因素。他们放宽了对于工资出价分布的假设，并且运用他们的模型研究从宏观的层次分析不同国家之间工资转换的工资差异。①

必须指出的是，工作搜寻往往受到很多因素的影响，以致工作搜寻模型往往缺乏解释力，这当然是不可避免的问题。比如，一般来说，如果工作搜寻的压力更大、花费更多，工作搜寻的效果则往往比较好。② 有学者从行为科学的角度研究中国失业者的再就业行为，发现社会因素（如文化、家庭、亲友以及政府等）对其再就业的态度和行为影响非常大——甚至其就业的速度与其主观努力的程度呈负相关关系。③ 这一方面可能是政府的政策措施非常得力，即依靠政府获得工作（尽管工资水平不高，工作条件也不好）更为容易；另一方面也可能是依靠人际关系比仅靠自己进行工作搜寻要更容易获得就业机会。也就是说，在工作搜寻这一行为背后，还有很多更深层次的间接因素在起作用，有时候这个作用是决定性的。

在实践中，劳动力市场上雇主和工作需要的技能特征与工人所能提供的技能特征不匹配，劳动力市场的错误匹配可以在很多纬度上发生。如果一个劳动力市场的匹配程度很低，那么工作搜寻的效率也会大幅下降。④ 从 1994 年起，德国开放了私人人才中介，弥补了国家职业介绍垄断造成的不足，在人才招聘中发挥了应有的作用。德国的私营人才中介机构很发达，其主要业务是选择、举荐经理和高级人才、进行人才评价、规划工资报酬和组织人员培训。为了与官方的职业介绍机构进行激烈的竞争，他们经常推出一些类似担保机制的措施——如在规定期限内发生解

---

① Greory Jolivet，Fabien Postel-Vinay，Jean-Marc Robin. The Empirical Content of the Job Search Model：Labor Mobility and Wage Distributions in Europe and the US ［J］. European Economic Reviwew，2006，(50)：877－907.

② Edwin A J van Hooft，Craig D Crossley. The Joint Ro1e of Locus of Control and Perceived Financial Need in Job Search ［J］. International Journal of Selection and Assessment，2008，(16)：258－271.

③ Zhaoli Song，Connie Wanberg，Xiongying Niu，Yizhong Xie. Action-State Orientation and the Theory of Planned Behavior：A Study of Job Search in China ［J］. Journal of Vocational Behavior，2006，(68)：490－503.

④ Harry J Holzer. Reservation Wages and Their Labor Effect for Black and White Male：Youth ［J］. The Journal of Human Resource，1986，(21)：157－177.

约的情况就给予赔偿等，从而吸引更多的雇主来招募他们推荐的求职者。① 进入21世纪以来，中国各级地方政府大量创办公共的职业中介机构，中国的劳动力市场中介机构在数量上有了显著的增长。由各级地方政府兴办的职业介绍所兼有失业保险、职业介绍和职业培训等多种功能，为失业者的工作搜寻提供了帮助。但是，相比国外劳动力中介市场的建设情况，我国的中介机构还存在诚信度不高、违法现象多等问题。因此，如何提高这些机构的公共服务水平，政府和学术界应该加以关注。

（三）在职工作搜寻

在职工作搜寻是值得关注的一种搜寻方式，它对工作搜寻者来说可以节省不少成本，不仅可以帮助在职搜寻者找到更好的工资，实现其职业生涯的发展目标，还可以使劳动力市场运行得更好，这值得企业在人力资源管理中加以学习和思考。值得一提的是，在职者必须合理地进行工作搜寻，否则对企业和自身都是不利的。

1. 在职工作搜寻理论

按照求职者当前的就业状况维度区分，工作搜寻可以分为失业的工作搜寻和在职的工作搜寻。也就是说，即便是已经就业的在职人员也会去找工作。李普曼（Lippman）就指出，工作搜寻的活动不只发生在失业期间，也会发生在在职期间。② 这种“骑驴找马”的行为经常发生在一些初涉职场的人员身上，因为他们对自己是否胜任和适合一些自己向往的职位无法判断，需要经过一些工作调动，从不同的工作中去体验才能了解自己的真实能力和什么工作才适合自己。由于这种行为颇像顾客在众多的商品中寻找自己最满意的商品，因此也被称为工作采购（job shopping）。③

近30年来，对于在职工作搜寻的研究甚至明显超过了失业搜寻的研究。④ 这其实很好理解：首先，即便是在严重的经济危机时期，就业人数也远远多于失业人数，而绝大多数的在职人员都会关注职场信息和期待更好的工作，从统计学上说在

---

① Henrik Winterhagera，Anja Heinzea，Alexander Spermanna. Deregulating Job Placement in Europe：A Microeconometric Evaluation of an Innovative Voucher Scheme in Germany［J］. Labour Economics，2006，(13)：505－517.

② Lippman S A，McCall J J. The Economics of Job Search：A Survey［J］. Economics Inqury，1976，(14)：155－190.

③ William R Johnson. A Theory of Job Shopping［J］. The Quarterly Journal of Economics，1978，(92)：261－278.

④ 黄亮，彭璧玉．劳动力市场搜寻理论新进展［J］．经济学评论，2005（9）：90－94.

职搜寻比失业搜寻要多得多；其次，即便是进行工作搜寻的失业者，大多数也都是短期失业的人员，他们往往很快就找到工作，因为他们在职期间就已经了解了相关的就业信息、保有自己的就业渠道以及相当多的职场经验——与其说他们是失业搜寻，不如说他们是在职工作搜寻后的过渡；最后，在职人员进行搜寻对于劳动力市场的流动、企业的人力资源管理以及个人职业生涯发展等都具有重要的研究意义，这已经不只是工作搜寻理论本身所能涵盖和解释的。因此，这无疑更加吸引学者以及读者去关注它。

早期的工作搜寻模型"故意"忽略在职搜寻的存在，这既是出于分析的方便，也因为在职搜寻从测量数据的获得上以及模型的构建上都存在巨大的难度。在职搜寻的理论假设显然不同于传统的工作搜寻模型，按照约翰逊（William R. Johnson）的观点，在职搜寻者会更了解与自己当前职位相关的就业信息，而且他们的工作搜寻会更有目标感——要么在自己就职的企业中寻找更好的职位，要么考虑离职而去"另攀高枝"；他们在整个市场工资分布中，更关注比自己当前工资更高的部分；在是否更换工作的考虑上，他们还必须考虑风险，因为新工作可能比不上目前的工作，如果还要先辞职再找下一个工作，那么风险会更大。① 在职求职者，除了关心工资以外，还会对自己新工作的相关风险进行评估，而且还要考虑将来回到原来企业的可能。换句话说，决定一个在职者工作搜寻的不仅仅是"新工作的收益大于当前工作的收益"，还应该包括风险等约束条件。菲力克（Bruce Fallick）等人发现，回到旧工作岗位的可能性会影响在职搜寻者寻找新工作的行为。② 而且，在职工作搜寻所收集到的信息还有两个长远的作用：一是帮助在职者进行职业生涯规划，这一点在那些进行内部工作搜寻的人员身上体现得非常明显；二是可以为将来的工资谈判积累筹码。在欧洲职业足坛，许多著名球员都会了解那些试图"挖墙脚"的俱乐部的工资出价状况，来为自己新合同的谈判增加筹码。类似的现象还出现在美国NBA，备受中国球迷关注的中国篮球运动员姚明，在2008—2009赛季结束后，就一直在休斯敦火箭队提供的新合同上迟迟没有表态。显然，姚明背后的运作团队在这期间已经为其进行了大量的搜寻，以供姚明最后抉择。不难发现，在职工作搜寻

① William R Johnson. A Theory of Job Shopping [J]. The Quarterly Journal of Economics，1978，(92)：261—278.

② Bruce Fallick，Keunkwan Ryu. The Recall and New Job Search of Laid-off Workers：A Bivariate Proportional Hazard Model with Unobserved Heterogeneity [J]. The Review of Economics and Statistics，2007，(2)：313—323.

和保留工资的搜寻模型很类似，我们可以把相关的限制条件和当前的工资收入都作为成本看待，而这个成本就是在职者的保留工资。

2. **在职工作搜寻的影响**

匹萨雷德斯（Christopher A. Pissarides）发现，美国大约20%的新雇员是直接从另一个岗位中被聘用的；在剩下的部分中，一半是失业者，一半原来不在劳动力人口中。[①] 从人群特征来看，在美国1/3的成年男性求职者是有工作的，成年女性的相应比例为1/5，而青年人当中该比例仅为1/10。此外，希望每周工作时间多的人，以及那些所获得工资在同类工作中较低的人都更多地进行求职活动。而布莱克（Black）根据美国劳动力调查的研究资料也发现，有50%～60%的员工换过工作且没有经历失业阶段，这意味着这些员工都是在“在职”的情况下搜索工作的。他认为，从这些数据可以看出在职工作搜寻对于人力资源流动和再配置的意义重大。尽管从人员稳定的角度看，这可能影响到一些行业和企业的持续稳定发展和出现一些摩擦性失业。但是从一个更宏观的战略角度看，一定数量的在职搜寻所带来的人员流动，对于促进竞争和生产力的发展有着巨大的影响。[②]

而从微观的角度说，在职工作搜寻也有着巨大的影响。尽管影响在职工作搜寻的因素很多，如在职者的个人精力和视野、市场环境、市场信息、搜寻的技能以及搜寻的成本等。但是，对于以生命周期来考虑自身职业生涯的在职者来说，即便是受到各种制约的影响，也不会放弃去考虑在职工作搜寻。首先，他们肯定会考虑内部搜寻，在自己工作的企业内寻求工作调动，以得到更高的工资（也可能是为工作成就感等）。然后，他们也会考虑外部搜寻，特别是和自己当前工作紧密联系的职位。而对于那些新近毕业的尚未找到自身定位和做好职业生涯规划的就业青年来说，这一点显得更为重要。站在企业的角度，如何留住人才并且合理地配置人力资源是企业人力资源管理面临的难题之一。米乔（Jean-Baptiste Michau）发现，如果在职搜寻者的搜寻行为未被企业预知，那么一旦这些在职者突然离职，对企业会有一个创造性的破坏（creative destruction）影响，如果是企业的核心员工，这个影响有时候甚至是致命的。如果可以更多地了解员工在工作搜寻方面的理论和实践

① Christopher A Pissarides. Search Unemployment with On-the-job Search［J］. The Review of Economic Studies，1994，(61)：457－475.

② Matthew Black. An Empirical Test of the Theory of On-the-job Search［J］. The Journal of Human Resources，1981，(16)：129－140.

情况，无疑对于提升企业的人力资源管理水平有着很现实的指导意义。[①]

不过，在职工作搜寻的作用也受到非议。从成本收益的角度说，对于在职职工，他们进行工作搜寻的成本和收益相对来说都不大。从成本角度来看，他们在求职时损失的只是一些闲暇时间，并没有损失自己的收入。而从收益角度来看，由于在职者已经拥有工作，因此即使工作搜寻最终获得了成功，给他们带来的额外收益也有限。值得注意的是，在职工作搜寻面临着很大的风险，因为很多的预期都可能出现意外。例如，承诺的报酬没有兑现或者打折扣等。[②] 所以，施梅尔等认为，在职工作搜寻很大程度上是一种博弈策略。从组织行为学的角度说，如果一个在职者不专心于目前的工作而总是"一山望着一山高"，甚至于利用工作便利而进行损害企业利益的工作搜寻，这无疑是不可取的，因为它可能会严重影响其所在团队的内部团结和工作绩效水平。

（四）网络工作搜寻

在工作搜寻渠道中，互联网工作搜寻已经成为一种日益重要的搜寻方式，它改变了工作匹配的过程。网络的另一层意思是社会网络，它是指通过亲友、师生、同乡等各种人际关系渠道来寻找工作，被称为非正式的工作搜寻。依赖于最先进的网络技术和最传统的人际交往而进行工作搜寻确实是现代社会的一大奇观。

1. 社会网络工作搜寻

我们认为，社会资本是社会网络资源的核心组成部分，利用这种社会性资源能够降低各种社会行动的成本，有利于拥有特定社会网络资源的个人或群体实现其相关目标。从这个定义可以看出，通过社会关系网络的非正式工作搜寻的主要原因就是这种渠道可以降低搜寻的成本，并更容易达到目标。在西方，对非正式工作搜寻的评价比对正式工作搜寻的评价高，而且非正式工作搜寻比正式工作搜寻更加有效。[③] 霍尔茨（Holzer）发现，在西方国家，搜寻技能和工作技能都逊于同龄白人的黑人青年更依赖于其人际关系网络来寻找工作。[④] 马休特（Stephane Mahuteau）

---

① Jean-Baptiste Michau. Creative Destruction with On-the-job Search［Z］. CEP Discussion Paper, No. 835, 2007.

② Robert Shimer. On-the-job Search and Strategic Bargaining［J］. European Economic Review, 2006, (50): 811－830.

③ Harry J Holzer. Search Method Use by Unemployed Youth［J］. Journal of Labor Economics, 1988, (6): 1－20.

④ Harry J Holzer. Reservation Wages and Their Labor Effect for Black and White Male Youth［J］. The Journal of Human Resource, 1986, (21): 157－177.

研究认为，澳大利亚的民族网络对该民族新移民的初次就业和二次就业都有着显著影响。[①]

一般认为，社会资本对求职者工作搜寻有两个方面的影响：一方面，社会资本有利于求职者获得就业信息。就业信息的获得是求职者成功实现就业的关键，基于上文工作搜寻模型的分析，将有助于求职者获得工资更高的工作，也有助于提高市场匹配的效率。蒋乃华、卞智勇（2007）通过实证研究证明，社会资本有助于农村劳动力非农就业。[②] 由于社会资本直接作用于农民非农就业的求职过程，所以社会资本可以提高农民非农求职的成功率和效率。另一方面，社会资本可以帮助求职者减少获得就业信息的成本。在现实生活中，不同的求职者获得信息的难易程度各不相同，也直接导致了他们获得信息的质量也各不相同。通过社会资本和社会网络能够较轻易地获取别人不易获取的就业信息，从而减少了获得就业信息的成本。

其实对雇主来说，这个作用也同样明显。由于在招聘过程中信息的不对称，雇主需要花费额外的交易成本来搜集求职者的信息和筛选求职者，以克服“逆向选择”和“道德风险”问题。但是如果雇主根据朋友或内部员工的介绍来招募求职者，无疑可以减少交易成本和搜寻时间，并获得相对更真实的信息。当然，如果这种人际关系成为一种“人情”推荐，那么非但更难获得真实的信息，还可能为企业带来巨大的人力资源风险，这也是众多企业甚至明令禁止这类招聘行为的原因。在中国依靠“委托亲友”找工作（其他为正式工作搜寻渠道或自主创业）的人数占总人数的比例超过了30%。

但是依靠社会网络进行工作搜寻的作用，从一些社会大众和专家学者的角度看也是令人忧虑的。中国社会调查所（SSIC）在对北京、上海、广州、武汉、沈阳、哈尔滨等地的2 000位公众进行问卷调查后提出，社会关系因素造成了大学生就业的壁垒。53%的学生和家长认为能力与关系相比，后者对就业的影响更重要，而24%的毕业生表示与自己喜爱的工作无缘是因为自己没有关系。蔡昉（1998）认为，中国劳动力市场二元分割的现象是中国就业体制改革所面临的重要问题，它还是导致现今大学生努力通过获得更高学历以及积极寻求社会网络寻找工作的重要原

① Stephane Mahuteau，P N Junankar. Do Migrants Get Good Jobs in Australia? The Role of Ethnic Networks in Job Search ［Z］. IZA Discussion Paper，No. 3489，2008.

② 蒋乃华，卞智勇. 社会资本对农村劳动力非农就业的影响——来自江苏的实证［J］. 管理世界，2007，(12)：158—159.

因之一。[①] 赖德胜和田永坡（2005）通过研究认为，这不仅影响劳动力市场的流动性和市场竞争，还会妨碍社会生产力的提高和降低匹配率，导致总就业量的减少。[②]

2. 互联网工作搜寻

随着互联网的兴起，使用网络手段寻找工作已是求职者，特别是青年求职者的主要手段之一。对于现今中国的很多在校大学生来说，第一次的工作搜寻经历往往都是坐在电脑前上网完成的。库恩（Peter Kuhn）等发现，在美国失业的工作搜寻者中，那些更喜欢使用互联网进行工作搜寻的人往往在教育、职业技能等方面的水平相对要高，而在社会网络、求职动机强度等方面的水平相对要低。[③] 互联网工作搜寻（internet job search）的出现，突破了传统的“一对一”或者“一对多”的工作搜寻模式，使“一对 N”的模式成为新的潮流——求职者不再局限于面对市场提供的部分职位，而是在几乎整个市场范围内进行工作搜寻。作为一个新媒介平台，互联网对工作搜寻的影响主要有两个方面。

一方面，互联网惊人的信息量和高效的信息检索渠道，使传统工作搜寻理论对于市场信息的假设不再成立。工作搜寻者不仅可以了解整个市场的工资出价分布状况，甚至还可以详细了解具体企业的工资出价情况。也就是说，工作搜寻者可以直接寻找自己最满意的工资出价，然后基于自身的约束条件来选择要接洽的雇主，这无疑推翻了期望收益最大化策略和保留工资策略。在过去，工作搜寻者即使跑遍所有的中介市场都可能无法掌握整个市场的工资出价情况。但是现在，他们也许上网按照关键词搜索便可以找到所有的信息了。我们会发现，工作搜寻者更加喜欢看网络招聘广告和直接联系雇主，而且他们对可以找到的工作机会更加挑剔。而对在职者来说，他们似乎也喜欢使用互联网进行工作搜寻。因为对于在职者来说，变换工作的成本比失业者要大得多，而互联网的出现则大大降低了这种成本——互联网可以为在职搜寻者提供全天候的工作搜寻机会，便于在职搜寻者进行时间方面的协调。[④] 而且由于互联网求职的隐秘性，在职搜寻者的风险成本也大大降低。因此，与使用传统渠道进行工作搜寻的在职者相比，用互联网进行在职工作搜寻者可能更

---

① 蔡昉. 二元劳动力市场条件下的就业体制转换［J］. 中国社会科学，1998（2）：4－14.

② 赖德胜，田永坡. 对中国“知识失业”成因的一个解释［J］. 经济研究，2005（11）：111－119.

③ Peter Kuhn，Mikal Skuteru. Internet Job Search and Unemployment Durations［J］. American Economic Review，2004，(94)：218－232.

④ 徐芳，孙媛媛，沙伟影. 结构洞理论与中介组织的网络招聘［J］. 经济理论与经济管理，2007（10）：27－31.

加容易离职。即便不选择离职，这些在职者从互联网上获得的信息，也可以作为将来他们和当前雇主进行工资谈判的筹码。但是，库恩（Peter Kuhn）等通过研究发现，互联网工作搜寻方式的出现，对减短美国失业人口的工作搜寻期似乎没有明显的作用。这可能是由于工作搜寻者在海量的信息面前更加难以决断，处理信息的时间比以前更长造成的。①

另一方面，互联网改变了工作搜寻者的搜寻范围。也就是说，工作搜寻者不再局限于某个相对较小的地域和特定行业进行工作搜寻。在过去，许多工作搜寻者习惯于在自己熟悉的地域和行业找工作；而现在，他们可以方便地去寻找更符合自己偏好的工作，以满足自己在事业发展、工资福利等方面的要求，这使全国化乃至全球化的工作搜寻更加普遍。如今，越来越多的中国人走出国门去工作，国际劳务派遣（international labor dispatching）已经不再是一个令大众陌生的词汇。格雷夫（Arent Greve）等对加拿大的中国移民进行研究发现，借助互联网这个渠道进行工作搜寻极大地改变了中国移民的就业状况。② 不仅中国移民在加拿大的就业率因此提高，而且其匹配程度也明显提高，相应的其工作搜寻所花费的时间也明显减少。进一步的细分研究发现，劳动技能水平最高的中国移民中，有近 60%是依靠互联网找工作的。而中国国际劳务信息网发布的统计资料显示，该网站在从 2007 年 1 月初开通到 2008 年 6 月底近一年半的时间里，网站访问人数从每天仅几人发展到每天 3 000 人，累计浏览量近 600 万。该网站目前已注册劳务公司 1 000 多家，发布出国劳务信息一万余条，注册出国打工人员近 5 000 人。从这组数据中，不难看出互联网对工作搜寻范围改变的巨大影响。麦克肯奈尔（McConnell，2006）认为，这可以大大促进劳动力的流动，使市场竞争加剧，从宏观看，对促进生产力的发展有积极作用。③

在《财富》杂志世界 500 强企业中，超过 90%的企业使用互联网去招募新员工；中国智联招聘网发布的统计数据显示，截至 2010 年 1 月，智联招聘网平均日浏览量为 6 500 万人次，日均在线职位数在 248 万个以上，简历库拥有近 2 850 万

---

① Peter Kuhn，Mikal Skuteru. Internet Job Search and Unemployment Durations［J］. American Economic Review，2004，(94)：218—232.

② Arent Greve，Janet W Salaff，Elic Chan. Immigrants and the Job Search：Comparing the Internet to Other Paths to Jobs［R］. 40th Hawaii International Conference on System Sciences，Jan.，2007.

③ Campbell R McConnell，Stanley L Bruce，Davie A Macpherson. Contemporary Labor Economics［M］. London：McGraw Hill，2006：324.

份简历，每日增长超过 3 万份新简历。个人用户可以随时登录增加、修改、删除、休眠其个人简历，以保证简历库的时效性。智联招聘拥有覆盖全国超过 20 个主流城市的智联招聘周刊，与网络招聘形成“线上＋线下”的联动跨媒体招聘平台，其总发行量达到 630 万份，到达率超过 3 200 万人次。目前，更有新颖的“视频简历”，并且智联招聘还在 2011 年 10 月至 2012 年 4 月举办视频简历设计大赛。这些均都表明互联网工作搜索时代的到来。可以预期的是，随着互联网的进一步发展，特别是信息技术与心理学、生物学等的结合，可能会给工作搜寻带来更多变革性的影响。尽管互联网有着如此多的优势，但它还不能完全取代报纸广告等传统平面媒体，也不可能取代，如面试和无领导小组讨论等一些传统的招聘手段，而且网络信息的安全性和真实性一直受到广泛质疑。这说明互联网工作搜寻也存在局限和挑战。

第六章　内部劳动力市场

章首案例：中国高校“非升即走”的人事改革

2003年11月14日，清华大学首次召开人才工作会议，提出高水平师资队伍是学校人才工作的核心。清华大学批准物理系率先试点，对所有新聘教师实行终身教授预备制度（tenure track）。该制度在美国大学被普遍采用，考察期一般为6年，到时必须接受评审。如果通过，同时获得晋升和终身教职；如果通不过，一般必须离开寻找新工作。这一制度被人形象地称为“非升即走”。2010年1月，清华终身教授预备制系列助理教授陈曦准备接受一次对他学术生涯影响重大的“裁决”：物理系全体教授将投票决定他是否能转为终身教职（tenure）。如果通过，他将获得终身职位，从此享有学术研究的较大自由；如果不通过，他将不得不告别清华。

而在清华实施该制度之前的5月份，北京大学出台了《北京大学教师聘任和职务晋升制度改革方案（征求意见稿）》，引发了高等教育界的震动。时任北大人事部长的周岳明在2002年就向媒体公开表示，全校教师来源已经形成了国外引进1/3、国内引进1/3、本校培养1/3的格局，但在校方决策层看来，现在的结构依然没有达到最佳状态。此次改革涉及的直接利益人达3 000多人，包括大部分讲师和副教授。北大法学院的一位讲师称：“近日系里讨论，我参加的小组20个人，从教授到讲师，没有一个人赞成这种方案，除了一位对那里面的‘教授会’的许诺有些向往。”北大教育学院的一位副教授则认为，目前高校内部，包括北大，其竞争活力不强，几乎一潭死水是不争的事实。在这种死气沉沉的情况下，如此力度是完全有必要的。一方面，能够迅速淘汰一批目前体制内不合格的教职工；另一方面，也能够在短期内，将北大各类职称的评审标准大幅提升。《改革方案》源起与国际接轨，但是否就此丢掉了“中国特色”呢？海归派与本土派各执一词。这次改革可以说是海归派领军的改革，大部分利益受损者属于本土学者。在中国内部机制并不健全的情况下，进行一场超前的、非常规的改革，风险很大，但按照高风险高收益的定律，人们更加看重改革的结果。

■第 6 条　为了进一步改善教师队伍的学缘结构，原则上院（系）不直接从本单位应届毕业生中聘用教师；各单位应继续努力提高教师队伍的学历结构，新聘教师必须具有博士学位（或本学科最高学位）。

讨论：这一条意味着本系所的博士毕业生无法留本系所任教。这一条还假定，博士研究生与所在系所及导师形成的“学缘”是一种“孽缘”，需要被 100%排除。

北大中文系的一位教授说，学术上的近亲繁殖历来是中国高校的一大弊端，北大采用的这一方法是国际上通行的解决办法。通过引入外来人才，一方面带来了学术活力，另一方面（尤其是人文社科）也易于形成不同学术流派的争鸣和齐放。对于北大的学术，有百利而无一弊。

一名生命科学学院的讲师则认为，从避免“近亲繁殖”的角度讲是有好处，但是否“有百利而无一弊”值得商榷。对于理科来讲，其中有些学科的研究有一个延续性的问题，有时需要多年的努力才能出好的成果。所以，不能一刀切，要对具体学科的具体情况作分析。

■第 14 条　北京大学教师实行公开招聘和专业技术职务聘任制度，招聘的前提是有岗位空缺，教授岗位已满的院系招聘和晋升正教授必须得到学校的批准。

讨论：还有哪些院系的教授岗位已满，还有哪些还有空缺？这会对那些在五六年内已经不可能有岗位空缺的系所造成什么样的影响？

一位不愿意透露姓名的副教授认为，这种方案表面上是说要和国际接轨，但是严重脱离北大文科实际，一旦实施，将会对北大文史哲各人文老系造成毁灭性的打击。

这位副教授称，据了解，北大文史哲各系教授名额早已满员、超员，有的（比如哲学）在五六年内教授岗位都不会有空缺。按照相关规定这样一来很多中青年教师就会被迫离开北大另谋出路。而按照第 7 条，这些严重失血的系科甚至有可能因为“业绩不佳”被学校重组或解散，剩余教师（包括“终身教授”）被学校解聘。

■第 23 条　现职讲师到校任现职不足两年（含两年）的，累计工作年限 2～7 年，最多有两次申请晋升副教授的机会；任现职 3～5 年（含 5 年），累计工作 8 年内，最多有两次申请副教授的机会；任现职 6 年（含）以上，从 2003 年算起 3 年内，有一次申请晋升副教授的机会。前两种情况下，第一次申请不成功的，第二次申请必须在相隔一年后提出。在上述期限内不能晋升为副教授的，在接到学校通知后一年内离开原岗位。

讨论：对于那些在若干年内不可能有空缺名额的系所，一位副教授或者讲师面临若干年后无论努不努力都必然失业的威胁，他的合理选择将是什么呢？

中文系一位刚留校的讲师表示担忧。他说，这次人事改革的部分具体措施在国外广泛实施，并且也取得了好的效果。但是现在不考虑中国目前学术体制的实际情况，不解决现在学术评价的标准问题，机械地引进所谓的“竞争机制”，很可能引起恶性循环，甚至会进一步破坏中国的学术环境。

■第 33 条　晋升或新聘任的教授必须是国内或国际同行公认的所从事领域的最有成就的学者，有标志性的杰出研究成果。除少数特殊学科外，新任教授应能用一门外文教学授课。

讨论：哪些是少数特殊学科？要求这一点是为了把北大办成一所大部分课程用外文授课的大学吗？

在采访中，一位国际关系学院的博士提出，教授自然应当是“国内或国际同行公认的所从事领域的最有成就的学者”，这么要求后来的申请者也无可厚非，但是既然这是一个标准，是否应该用统一的标准去限定教授的资格？对现在已经是教授的不妨也重新评估一下，达不到上述标准的就要取消他的教授资格。这样自然会触动一部分人的利益，但是如果不然，势必造成不平等，这对后来申请晋升教授的老师是不公平的。

一、内部劳动力市场的内涵

内部劳动力市场是作为外部劳动力市场的对立概念出现的，由多林格、彼得和皮奥里提出。在这里，内部是指企业组织的内部，外部则指企业之外。因而，也有人将内部劳动力市场称为企业内劳动力市场。

（一）内部劳动力市场存在的原因

导致内部劳动力市场产生的原因主要有以下四个方面。

1. 存在劳动力替换的成本（labor turnover costs）

内部劳动力市场理论与失业理论中的“内部人—外部人”理论一样，认为劳动力替换的成本是影响劳动力市场运作的重要因素。劳动力替换成本至少包括三个方面：①雇用劳动力和解雇劳动力的直接成本（比如面试员工的成本和为解雇员工支付的解雇补偿）；②新老员工的合作成本（由于内部人不愿与企业新成员合作，而破坏与新成员的关系所引起的成本）；③劳动力替换对劳动力的生产效率造成负面影响而隐含的成本（减少了招聘成本，“干中学”积累了人力资本，获得有关劳动力能力和劳动态度等方面的信息），再有新员工不熟悉生产流程而造成的低效率[①]等。

正是由于存在这些成本，企业对于劳动力的替换总是抱着谨慎的态度。这样，劳动力在不同企业间的流动性就降低了，从而也促进了企业内部劳动力市场的形成。

2. 岗位的特殊性

这主要是因为随着分工的深化及岗位上人力资本和知识专用性的提高，很多岗位都对从业人员提出了特殊的要求，这就使从事不同职业的劳动力之间不具有充分的替代性。而从劳动力自身的角度来说，最优的择业行为一般是掌握几项特定的技能，然后在自己的技能范围内寻找合适的职业。从企业角度来说，一方面企业想要雇用所需要的劳动力时，还需要耗费一定的搜寻成本；另一方面，由于企业给予员工更多岗位上的特殊培训，这导致人力资本投资的增大，如果用外部劳动力市场的劳动力对本企业的老员工进行替换，就会降低企业人力资本投资的收益，甚至引起企业用人政策的变化。因此，企业在调整劳动投入量时，在手段上也并非任意辞退劳动者，而是适当发挥内部劳动力市场的机能。换句话说，保持较为稳定的劳动力队伍是企业提高专用人力资本投资回报的一种手段。

3. 劳动力市场的信息不对称性

由于劳动者对于自己就业后的收益一般都能事先从劳动合同中得到了解，而企业一般总处于信息劣势，因为具体到某个劳动力的生产效率和劳动态度都是事后才能了解的。因此，企业总是通过一定时间的观察后才能对劳动力的生产效率和劳动态度作出评价，并决定劳动力的去留或升降。特别是对于中高层管理岗位任职人员的选拔与激励，还需要通过企业内部劳动力市场加以解决，比如通过科学、公平合理并富有竞争力的报酬制度设计（如年薪、股票期权、竞标制度与效率工资）来解决员工特别是高层管理人员的激励问题。

4. 工会的作用

工会与内部劳动力市场之间的关系非常复杂，两者既相互作用又相互促进。

如集体谈判合约使内部劳动力市场的规则和程序正式化和成文化，企业内的规则和程序对管理层行政权力的范围有着清楚的规定，而职工特定的职业技能也增强

---

① Lindbeck, A. and D. J. Snower, 1986, "Wage Setting, Unemployment and Insider-Outsider Relations", *American Economic Review*, May, 235－239.

职工的谈判能力，这些都有利于工会组织的形成和强化。

（二）内部劳动力市场的构成

内部劳动力市场由组织结构与组织原理构成。

1. 组织结构

企业组织有一定的结构，但它在很大程度上是由生产活动的技术所规定的。在组织中有保证企业活动、协调一定合作关系的横向联系和按照服从决策、指挥、命令系统的责任与权限排列起来的纵向联系。在很多小企业，这些职能没有专门化，也没有什么结构划分。但是，在大型组织中，这些职能的专门化都有比较明确的规定，这一点从组织结构的特性也可以反映出来。

横向联系建立在生产、销售、营业、财务、人力资源计划、总务、研究与开发等不同职能部门的分工与协作的体制之上，但生产和销售活动经常因产品的种类和特性、选址条件等分为不同的工厂和营业部来进行。特定的产品和企业活动也有采用事业部制的。

纵向联系是从工作现场的一般工作人员开始，经过现场监督人员或管理人员、中间管理人员直至最高经营者的层级序列。这个序列对应组织管理上的责任与权限的序列，在很多情况下因可以证明企业组织内的经验和管理能力以及技能的高低而成为组织内的报酬序列和企业内晋升的阶梯。

2. 组织原理

组织形成的最本质原理是其成员属于组织。按照这一原理，进入市场的买卖双方形成的只是以市场价格为依据进行交易的互补关系而不是从属关系。卖方在价格高时进入市场，低时退出市场。也就是说，可以把市场称为将价格信号作为媒介的经济主体自由进入或退出的社会性系统。

当然，组织成员所属的组织并不一定都是固定的。组织与成员的结合受价格以外的技术的、组织的以及制度的等各种各样重要因素的影响，它们的关系被或明或暗的契约及规定制约着。所以，那种所属关系并不能按照相对价格的变化直接地产生出来或消解掉。

作为市场的“人”，工资如果下降，员工会辞去原有职务去从事工资高的工作。但是，作为组织成员的“人”，不能因工资变动和工资差别而立即脱离其所属的组织。人们一旦进入了组织，他们在很大程度上就不再是市场的“人”，而成为组织的“人”了（在组织中的时间越长久，工作岗位越重要，组织的“人”的性质越强）。这样，他们与其离开组织，倒不如采取在组织中表达自己的意见，要求改善劳动条件。

雇佣关系具有归属于企业组织这种性质的倾向，不仅因经济以外的许多重要原因而得到加强，而且还因经济本身的原因被强化。这就是从信息的共同占有中生成的经济性。通过长期对组织的所属关系和以这种关系为中心产生出的组织成员间的人际关系，以每个人的特点和工作为中心的多种详细的信息随着时间的推移积累起来。这种大量的信息收集在以群体为单位而进行生产作业的场合，有着重要的作用。没有这些信息，便存在在作业计划的设计制订，作业集团的组成、工作的分派、安排、贯彻、变更等作业过程中的摩擦及显著妨碍作业效率的可能性。然而，这类信息不是短期内能得到的，是在时间的流逝与经验的积累中培植出来的。因此，即使从生产的效率性乃至经济性的观点来看，雇佣关系也必然会成为在所属关系上可以看到的那种本质的、长期的关系。

二、内部劳动力市场与外部劳动力市场的联系与区别

假定组织雇员是通过外部劳动力市场配置的，实际上有很多劳动力是长期供职于某一固定企业，并在内部被晋升或淘汰，这种企业内部晋升和淘汰的过程就是内部劳动力市场配置劳动力的过程。

（一）联系

内部劳动力市场特别强调，企业组织内的劳动力分配要通过企业内的组织惯例、章程或者制度等来进行。与外部劳动力市场一样，内部劳动力市场理论并不否认市场价格机制的作用，但同时强调企业内的劳动力分配机制与企业外的劳动力分配机制之间有着重要的性质差异。这种差异并不是作为个别的异质性而可以抽象掉的，它是理解、说明在劳动力市场上观察到的劳动力分配情况的极为重要的因素。

但是，一旦劳动力的分配和转移、工资决定等被纳入企业组织内的雇佣关系中，仅仅简单地用价格机制来说明就不那么恰当了。因为培训、配置、晋升等人力资源管理制度将介入企业的长期规划、用人习惯、工资制度和劳动关系的各种决定中去。

在日本，围绕雇佣惯例、工资制度、劳动关系，所谓的年功制度的研究非常深入。在美国，在制度经济学派传统的影响下，研究的领域从雇佣惯例中的先任权制、工资决定中的职种群到劳动工会对组织结构和经营的影响等，涉及的范围十分广泛。多林格、彼得与皮奥里的贡献在于使人们看到根据制度性分析的发展，把围绕企业组织内雇佣制度和习惯做法与新古典学派的市场机能相比较、相区别，并以

内部劳动力市场的理论将其概念化。①

（二）区别

内部劳动力市场与外部劳动力市场的不同之处在于，外部劳动力市场上劳动关系都是短期的，劳动供给方和需求方在劳动力市场相遇，如果双方觉得彼此合适，就签订契约，劳动者提供服务，需求方付出报酬。但是在企业内部，劳动关系一般都持续较长的时间，所以会有员工在企业内部的不同岗位之间流动，如职业发展和升迁变动。

与外部劳动力市场上短期的劳动关系相比，内部劳动力市场的长期劳动契约关系具有两个优点：

第一，节约人工成本。企业的生产是长期进行的，那么企业会长期需要某一类劳动服务。如果企业与可以提供这类服务的劳动者反复地谈判交易，签订契约就会导致很大的交易成本和契约成本。

第二，增加人力资本。长期劳动关系有助于员工增加有企业特色的人力资本投入。员工愿不愿意投入企业具体的人力资本开发，还和他们预期在某一企业的工作时间长短紧密联系。从企业的角度来讲，长期劳动关系也给企业动力去投资与员工的岗位或其他企业生产相关的具体培训。

与短期劳动关系相比，长期劳动关系的其中一个缺点就是灵活性差。劳动者因为积累了较多的仅在某一企业内部岗位才有效的具体的人力资本，因此劳动者不愿意离开该企业。而企业也因为对员工有针对性地投入了各种具体的培训，如果员工离开，就无法收回投资，所以企业也不愿意员工离职。双方就此被套牢，这将降低人力资源配置的效率。

长期契约关系的另一个缺点工资水平不能准确反映员工的人力资本水平。在外部劳动力市场上，工资由供求关系决定，反映市场均衡，有较高人力资本的劳动者在市场上受欢迎，容易找到工作，工资也较高，所以工资通过市场也一定程度上反映了劳动者的人力资本价值。但是在内部劳动力市场上，会有工资价格错位现象，工资不反映员工的人力资本水平。

三、内部劳动力市场运行机制

内部劳动力市场上劳动力的分配和各个组织的结构，是以受雇佣的劳动者作为

① Doeringer Peter，Michael Piore. Internal Labor Markets and Manpower Analysis［M］. Lexington，MA：D. C. Heath.

其所属组织的成员这一原则为前提而形成的。在很多情况下，分配的状况稳定在雇佣常规或雇佣制度上，制约着雇主与劳动者的行动。我们可以把这种制约条件叫做规则。

（一）与劳动力分配有关的规则

1. 职位管理规则

职位管理规则是与录用、配置、晋升、退职管理等有关的规则。这些相关活动基本上是按企业生产活动的需要进行的，但具体实施却依稳定的常规、规则或制度方面的手续进行。劳动力的配置和投入量转换、工作人员的管理等是在劳动契约的基础上根据生产活动的变动比较灵活、机动地进行的，而录用、晋升、退职等直接与雇佣关系相连的活动则是受到不明显的长期雇佣习惯制约的。例如，在无临时解雇习惯的日本企业中，退职管理按退休年龄为原则进行，而晋升和新职工录用的决定则不得不受到长期雇佣常规的强力制约。

2. 薪酬管理规则

薪酬管理规则是与薪酬体系、工资、奖金、退职金、养老金及其他福利联系在一起的。企业内部工资率的结构基本上反映每个劳动者的生产状况，但其具体的决定要依工资管理上的各种协议和惯例等规则进行。在我国，工资率实际上由对每个人工作成绩的评价决定，然而最终工资率结构却受连续工龄和大的行业、职业区分等要素的影响。这反映出薪酬管理是在企业用人、员工培训、劳动关系等的制约以及整个规则体系下进行的。

3. 培训管理规则

在很多情况下，培养训练活动是由企业直接或间接负担费用的，它是按照企业人力资源规划和长期的经营目标进行的。

4. 劳动关系规则

劳动关系规则是围绕以工资、劳动时间等劳动条件为主，再加上配置转换、工作环境等问题的处理形成的劳动关系的规则。在我国，基本的劳动条件一般由《劳动法》阐明，进一步用劳动合同的形式加以确认。美国、日本等国的劳动契约要通过团体交涉缔结，与事前磋商和劳资双方广泛关心的有关事项的信息交换要通过劳动契约来进行。在很多场合，一般性的非成文的常规对劳动关系的运行也发挥着重要的作用。

（二）规则制定的意义

1. 组织的稳定

由于劳动力的分配以劳动者对企业组织的所属关系为前提，按照多种组织制度的常规来进行，那么劳动关系对相对价格短期变化的反应便不那么灵敏，有利于提高长期性或稳定性。

2. 组织的惰性

组织的结构、机能的运行植根于过去的传统、常规和已明文规定了的规则、制度之中，它的变化常常需要很多时间和能量，这就强化了组织原来所具有的惰性。组织的惰性有延缓人力资源管理方式、制度、模式改变的作用。

3. 组织调整的成本

组织产生于大规模和严密之中，传统及常规的影响越强，制度上劳动关系的规定造成的制约越有力，组织结构和规则以及组织内部多方面的调整代价就越大。

就雇佣调整的成本而言，调整劳动投入与变更雇佣关系可以不同步进行，这种组织调整与同时变更劳动关系的调整所需成本是不同的。前者以劳动时间的调整和人员配备的转换为主，组织调整的成本较小；相反，后者却有可能付出极大的成本，因为它除包含解雇和随之而来的大幅度调整人员的事前协商与调整所需的机会成本及各种补偿所需的直接费用外，还将包括发生劳资纠纷时所需的各种费用等。

（三）雇佣调整

对于企业内部员工而言，工作调整有两种原因：一种是非自愿流动，即解雇；另一种是自愿流动，即辞职，主动辞职是劳动力获得劳动力市场相关信息的一种途径。比如，我们常常发现只有当自己尝试过一种工作以后才会了解所有有关这种工作的信息。这种行为可以形象地描述为“工作采购”。在这一过程中，职工通过尝试和犯错来搜寻那些最为适合自己的技能、兴趣和习惯的工作。“工作采购”的现象在年轻人群中最为常见，此外一些受教育程度较低的劳动力也由于缺乏其他了解劳动力市场信息的途径而采取这种行为方式。对于他们来说，经常换工作并不会带来太多人力资本投资方面的损失。

对于企业而言，雇佣活动实际上是以企业组织为前提并将其机能当做媒介来开展的。雇佣活动意味着以它对企业内各个部门和环节施加影响来体现其自身和组织的调整，因此一般可以说企业的雇佣活动就是雇佣调整。

另外，雇佣调整在本质上是企业为了在利润最大化目标的前提下，适应产品的市场需求变化进行的，这涉及在什么时机、以什么方法、做到什么程度等问题。在这些方面，各国的企业因工作性质等的不同而有很大的差异。

按照雇佣调整函数的分析，一般可以说，雇佣调整就是如何使现有的雇佣量接近最佳目标雇佣量的调整活动。如果用简单的关系式来表现调整活动，那么可以写成式（6—1）：

$$\frac{N_t}{N_{t-1}}=f\left(\frac{N_t^*}{N_{t-1}}\right) \tag{6—1}$$

式中 N_t、N_{t-1}——用 t、$t-1$ 期各自的实际雇佣人数所表示的雇佣量；

N_t^*——最佳雇佣量。

在使现实的雇佣量接近最佳目标雇佣量的过程中，出现组织调整的某些阻力是常有的事，调整需要时间。调整所花时间如果能用一定的调整系数来表达，那么这个调整系数的数学表达式如下：

$$\frac{N_t}{N_{t-1}}=\left(\frac{N_t^*}{N_{t-1}}\right)^{\alpha} \tag{6—2}$$

式中 α——调整系数。

调整系数是表现在各个时期中能够把目标雇佣量和现实雇佣量的差距缩小多少的系数。如果组织调整上的阻力小，就能使各期差距缩小很多，调整可以较快地完成；如果阻力大，各期差距的调整幅度受到限制，调整时间就要长。换言之，调整系数与调整速度是一种倒数的关系。

调整速度与调整代价有关，代价小，调整得快；代价大，调整得慢。例如，在雇佣调整中有不改变现有雇佣人数的调整和变更雇佣关系的调整，不同调整的代价种类和大小各不相同。前者劳动时间的调整是主要的，而后者则付出与解雇、录用等有关的代价。如果从代价的观点来看，雇佣调整不仅把雇佣人数，而且把劳动时间也考虑为已实现的劳动投入量（雇佣人数×劳动时间）来进行定义的方法是更常有的事。

将以上内容归纳成雇佣调整的函数形式，可以列出下式：

$$\Delta \ln L_t=f(\ln N_t^*-\ln N_{t-1},\ \ln H_t^*-\ln H_{t-1},\ \Delta \ln X_t) \tag{6—3}$$

式中 L——劳动投入量；

N——雇佣人数；

H——劳动时间；

X——产出量；

Δ——变化；

*——最佳目标值；

t——观测时点。

这个函数式的含义是，以劳动投入量表示的雇佣调整是由雇佣人数中的目标与现实的偏离、劳动时间中的目标与现实的偏离以及反映生产变动的需求变动规定的。

因为劳动时间的调整比雇佣人数的调整成本小一些，所以在进行雇佣调整时，把劳动时间的调整作为首选。可以认为，对实际劳动时间来说，存在一定的生产水平和雇佣人数之下的最佳时间。如式（6—3）右起第二项（$\ln H_t^* - \ln H_{t-1}$）所示，决定雇佣调整的是最佳劳动时间水平与现实劳动时间的差距。然而，劳动时间的调整余地有限。例如，作为劳动时间调整的手段之一，加班的实际可能性充其量不过一天几个小时，一周几十个小时。此外，还因为在实际劳动时间低于契约所规定的劳动时间的情况下必须支付与规定劳动时间相当的薪金。所以，在大幅度的雇佣调整成为必要时，仅进行劳动时间的调整不能奏效的企业便不得不对人员作直接的调整。

决定雇佣调整在人员方面调整的要素如式（6—3）右起第一项（$\ln N_t^* - \ln N_{t-1}$）所示。该项表明，它是最佳目标雇佣人数与现实雇佣人数的差距。人员的调整包括解雇和录用新职工。这类行动必须进行与整体有关的调整和劳动关系的调整，因而所谓的组织调整代价当然很高。对劳动力所投入的人力资本会因解雇而丧失。相反，必须对新录用人员进行教育、培训等人力投资，在人员调整中企业要承担这种费用。但是，因对产品需求的停滞或减退，在劳动力成本给经营带来显著压力，威胁企业生存的情况下；以及用延长劳动时间适应不了需求大幅度增长，因而可能失去获取利润的机会的情况下，企业即使付出高额调整代价，一般也要进行直接的人员调整。最佳目标雇佣量和现实雇佣量的差距扩大到超越一定的临界点时，企业就不得不进行人员调整了。

四、内部劳动力市场中的资源配置方式

内部劳动力市场理论注意到，劳动力并不完全是在外部劳动力市场通过工资的竞争（价格机制）进行配置的。事实上，有很多劳动力是长期服务于固定的企业，并在企业内循着工作阶梯（job ladder）被晋升或淘汰。因此，只关注外部劳动力市场对于劳动力资源的配置作用是不够的，必须研究内部劳动力市场配置劳动资源的方式和效率特征。

（一）配置劳动力资源的特点

1. 非经济手段对于劳动力配置的作用更大

在内部劳动力市场，劳动力的工资水平并不是劳动力供求作用的结果，而往往是与特定职位挂钩的，在员工被招聘之前就已经确定了。内部劳动力市场是“一个行政性的单位，如一个制造企业，在那里，劳动力的定价和配置是通过一系列的行

政性规则和程序来管理的"[1]。另外，企业文化和习惯在劳动力定价和配置中所起的作用也非常大。

2. 工作阶梯的存在

很多企业都存在工作等级制度，其中每一个等级系列都围绕着一种特定的技能、一个共同的职能或者一项工作的中心。企业的新成员进入企业的位置一般都是在这个等级制度的最底层，经济学家们将这一位置称为"进入口"，这也是内部劳动力市场与外部劳动力市场的连接处。当进入企业后，职工再依一定的规则和程序逐步晋升到更高的职位上去，如图 6—1 所示。

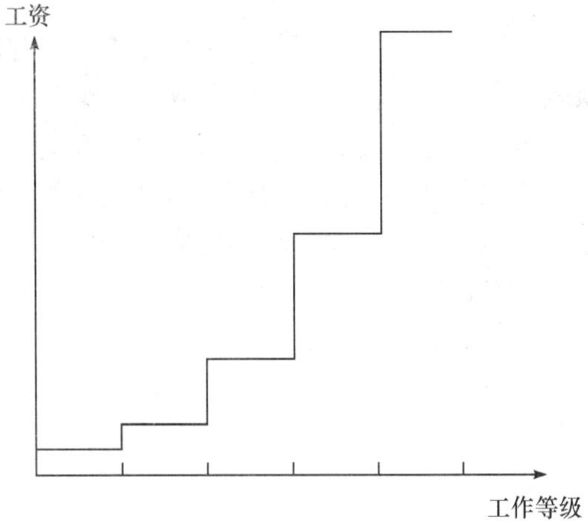

图 6—1　工作阶梯图

从外部大量招人的底层职位就称为员工进入企业的端口职位。端口与外部劳动力市场接轨，端口职位的承担者是从外部劳动力市场找来的，付给他们的工资就是劳动力市场上的通行价格。

但是当他们进入企业后，工资增长一般伴随职位升迁。因为高层职位不与劳动力市场相接轨，所以这些内部职位的工资水平都是由组织自行制定的。这一工资不能反映该类职位在劳动力市场的工资水平，也不一定反映该类职务承担者真正的人力资本价值。

① Hall, R., 1982, "The Importance of Lifetime Jobs in the U. S. Economy", *American Economic Review*, May, 716—724.

升迁的两个特点：一是伴随着工资大幅提高，而工资的提高给竞争职位的人提供了相当大的激励；二是升迁不是根据员工个人的绝对业绩来决定的，而是根据几个竞争者的相对业绩来决定的。这是因为有时个人的绝对业绩较难衡量，而通过多个竞争对手业绩横向比较，可以有效减少不确定因素造成的业绩评估误差。

升迁作为激励方法也有劣势：一是激励范围小。毕竟能够得到升迁的机会很有限，得到激励的员工也非常少。二是引发内部恶性竞争。根据几位竞职员工的相对业绩而定，这不利于内部员工的团队合作。三是彼得原则。四是刺激机会主义现象的产生。由于升迁的最终决定权在于上级领导的评估，因此下级会采取一些机会主义来讨好上级，而不是将全部的时间和精力用于提高自己的业绩。而下级所花费讨好上级的时间与精力，无益于企业的生产经营，这种成本我们称为影响成本（influence cost）。

3. 锦标赛激励制度

在内部劳动力市场，企业往往注重从老员工中提拔一定比例的人员进入工作阶梯的更高层次，而对于新雇用的劳动力则主要用于补充较低层次岗位上人员的不足。有如在员工之间开展一场竞赛，由员工的相对来决定谁能够得到晋升。一种极端的锦标制度的形式是所谓的非升即走（up or out）合同，如果员工在工作一定时间后不能得到晋升，则将被解雇，这类合同极大地遏制了员工的惰性。这条原则大部分是对精英人群而言的，只有在精英密集的咨询管理公司中，才会有这样不成文的规定。普通人和精英的要求是完全不同的，对于社会的精英阶层，停滞不前就会被淘汰出局。因此，这种合同常见于会计师事务所和律师事务所。

对于“非升即走”制，其更多适用于金字塔的组织。这种组织越往上职位就越少，因此在这类组织中，经验和学习变得异常重要。一些职位必须腾出来给底层比较年轻的人，让他们得到锻炼。而又因为上层职位很少，因此对于能力不强的人，没有足够的职位供他们升迁，他们只能离开组织。比如，中国人民解放军军官服役就采用“不升则走”制。

尽管我国一流高校也实行过“非升即走”制，如2003年5月12日北大人事处公布了由张维迎教授起草的《北京大学教师聘任和职务晋升制度改革方案》，方案一经公布引起海内外学界震动，但由于各方的争论、指责、疑虑声音远要高于赞扬之声，因此此项方案已经宣布暂停。称赞此项改革的认为，这是将“竞争”与“流动”机制引入象牙塔的变革，是激励并促进高校教师学术水平和创造水平的提升手段，是使中国大学达成世界一流大学目标寻找出路的尝试。北大的措施意味着已经将学校全体教师视为潜在精英，以精英标准来要求，固然残酷了些，但可借此强化教师的危机意识。

但更多的指责之声则认为，对于高校等高端服务性行业较为适宜的制度是终身制。这是因为这些职业的知识更新很快，经常发生新进来的人员知识要比组织中已经工作一段时间的人员知识更新更快的情况。如果没有终身制保证职位的安全，组织内部负责招聘的人员可能不会尽最大努力去为组织选择最好最有能力的新人进入企业。不过，这类工作的劳动生产率很大程度受自己能力和创新的影响，经过 6～8 年，已经有足够信息提供某人是否适合独立创新的工作，没有必要与其签订短期合同。

（二）内部劳动力市场的效率

1. 有效降低劳动力替换成本

首先，企业通过保持一支较为稳定的员工队伍，有效地减少了从外部劳动力市场上招聘、筛选、雇用和培训新员工的成本；其次，企业对既有员工进行培训以及员工“干中学”中积累的人力资本，也可以稳定地为企业带来收益；再次，企业可以通过保持员工队伍的相对稳定，得到有关劳动力能力和劳动态度等方面的充分信息，相比之下，外部劳动力市场上的劳动力信息不对称现象则严重得多，因此，企业对老员工进行提拔就可以降低从外部劳动力市场雇用相应人员需要面对的不确定性；最后，虽然资历常常作为晋升机制中的一条标准，但企业往往还会在此基础上附加上一些其他标准（如业绩、日常表现等），这就保证了对于员工的提拔不会出现太大的失误。

2. 企业常常是放弃静态效率来追求动态效率

静态效率指的是如何以最有效的方式对质量给定的要素进行组合，而动态效率则强调如何通过改进要素的质量来提高要素的生产力。对于既有劳动力进行组合所产生的效率具有一次性的特点，而对于劳动力知识和技能的提高却是无限的，内部劳动力市场的功能主要在于它能够有效地增进动态效率。在内部劳动力市场，资历较深、技能较高的职工往往拥有更多的晋升机会，而当企业需要解雇职工时，这些职工被解雇的可能性又最低，这就增加了他们在工作中的安全感，使他们愿意将自己的经验与技能传授给资历较浅、技能较低的职工。这对于提高整个员工队伍的素质，从而增进动态效率是很有好处的。这就是所谓传、帮、带的作用，如果竞争和不同员工间的替代过于激烈，以至于“教会了徒弟、饿死了师傅”，那么老员工就不会愿意把自己的经验和技能传授给新员工。

劳动力缺乏流动，收入水平是事先定的……这些内部劳动力市场的特征与传统经济学理论所描述的有效率的市场相距甚远。内部劳动力市场之所以能够保证效率，更为根本的还是因为企业会通过实施一些激励机制来促使员工努力工作。

在当今的知识经济时代，每种岗位上的劳动都变得比从前复杂了，像喜剧电影大师卓别林在《摩登时代》里所刻画的那种每个动作都被标准化的生产方式在当今世界已经不再是“摩登”了。正是因为每种工作都越来越复杂，职工的努力也就越来越难监督，现代企业也越来越少地使用简单的监督方法来防止员工偷懒，而且简单而直接的监督也被认为是不够文明的做法。这样一来，通过激励机制的设计与实施促使员工努力工作就越来越重要了，职工能否在各自的岗位上发挥自己的主观能动性和创造力就成了企业成败的关键。

第七章　人力资源供求双方签订劳动合同博弈分析

章首案例：华为公司辞职门引发的思考

“华为 7 000 人辞职门”事件是在2008年新的《劳动合同法》即将实施的“敏感”时刻发生的。2007年10月下旬的一天，当那张落款为华为公司工会的《补偿办法》公开张贴在办公区的公告板上时，华为公司的员工们意识到，私下流传了很久的“工龄清零”计划终于启动了。华为公司的声明是，此举的目的不是为了规避新《劳动合同法》的“10年大限”，而是公司正常的人力资源调整。

1999年前入职在华为公司工作满8年以上员工近7 000人，由个人向公司提交一份辞职申请，在达成自愿辞职共识后，再竞争上岗，与公司签订新的劳动合同。所有自愿离职的员工将获得华为公司相应的补偿，补偿方案为“N+1”模式，即经济补偿税前总额＝（N+1）×员工月补偿工资标准（税前）。但月补偿工资标准不仅仅是员工的月标准工资，还包括员工上年度奖金月均摊值。N为员工在华为公司连续工作的工作年限，此外还额外支付一个月工资。此补偿标准优厚于《劳动合同法》规定。离职员工保留所持有公司的虚拟受限股资格。

华为公司承认：在这批员工辞职再竞争上岗之后，华为公司正逐渐形成的“工号文化”将会消失，员工工号将不再以进入公司的顺序排列。以往，华为公司的工号排列规则是，有人走了，工号就要空着，不会往上补人。这一方式的好处是，像《士兵突击》里的“钢七连”一样，每个人都能知道自己是华为公司的第多少个“兵”。但这种“工号文化”带来的一个负面原则是：“遇到工号小的邮件，要抓紧办，可能是领导；工号相近的，一般是哥们，大家都会互相给面子；工号太大的，就不在乎了。”

其实，“无固定期限劳动合同”并不就是劳动者的“保护伞”或“铁饭碗”。全国劳动争议处理专业委员会秘书长范战江认为，不少企业试图规避劳动合同法的做法其实是对“无固定期限合同”的误解。时任劳动和社会保障部法制司司长的闫宝卿解释，因为法律同样规定，劳动者严重违反用人单位的规章制度的，严重失职、营私舞弊，给用人单位造成重大损害的，不能胜任工作，经过培训或者调整工作岗位，仍不能胜任工作的等，用人单位都可以解除劳动合同。因此，“无固定期限合同”并没有多大程度上妨碍企业的用人自主权。法律上鼓励企业签无固定期限合同只是为了保证劳动关系更加稳定，更加和谐。

那么，劳资双方在签订劳动合同时博弈行动是怎样的，这是本章重点研究的内容。

所有的市场交易（无论是长期的还是短期的、显性的还是隐性的）都被看做是一种契约关系，这是经济分析的基本要素。劳资双方劳动关系确立往往以一定的契约为载体（书面合同确立劳动关系或事实劳动关系），这种契约明确了劳资双方在劳动关系维持过程中各自的权利和义务，是劳资双方一致同意确立劳动关系的一种意思表示。

在成熟的市场经济国家，劳资关系的均衡稳定是长期博弈的结果。劳资双方的博弈是多元的现代社会中一个常态并且永恒的主题。企业中的劳资关系既相互依存，又彼此矛盾。劳资双方利益此消彼长，始终处于博弈状态。最为典型的是在签订劳动合同是劳资双方博弈。

在劳动关系中存在多种劳动契约形式，不同的契约形式会对劳动关系产生不同的影响。比如心理契约，相对于经济契约（即指劳动合同）而言，由美国著名管理心理学家施恩（E. H. Schein）教授提出的一个名词，是指员工个体对雇佣关系中彼此应该为对方付出什么又应该得到什么的一种主观心理约定，通常是无形的、非正式的。在内容上，心理契约不仅包含经济契约的所有内容，而且包含经济契约所没有或不能明确表达的相互期望；在形式上，心理契约是经济契约的内部表现形式，是经济契约约束劳资双方行为的心理作用机制，员工会根据其感知到的心理契约的履约情况来调整他对企业的态度和行为。

一、完全信息静态博弈分析

由于劳动契约对双方当事人的权利、义务规定都很明确，任何一方的机会主义行为都会受制于劳动契约的规范，从而减少了机会主义的发生。由于机会主义违约在本质上的不经济，因此，劳动契约的存在增进了社会总效益。

一般而言，劳动合同包含两个要素：一是签订劳动合同后，企业需要按规定支付的员工薪酬福利待遇 α；二是在劳动合同有效期内，如果员工发生跳槽事件，员工需要向企业支付违约赔偿金 β (θ)，θ 为一随机变量，并由概率分布来描述。

从员工角度来看，劳动契约就是用现在确定的薪资福利待遇 α 来交换未来岗位可能的高绩效；从企业角度来看，劳动契约就是根据大数定律，将个体的不确定的发生违约事件所造成的损失集合起来，实现最终财富的确定性。

首先，一种最简单的、最理想状态的博弈情形——完全信息静态博弈。

（一）假设前提

在劳动关系中将要涉及多方利益主体，概括起来主要包含人力资源供给者（员工）与人力资源需求者（企业）两大类。假设企业厌恶风险，其效用函数 $u(\cdot)$ 是凹的[①]，即 $u'(\cdot)>0$，$u''(\cdot)<0$，其初始财富为 w，所需要支付人工成本为 α；而员工是风险中性的，效用函数 $v(\cdot)$ 是线性的[②]，其初始财富为 s。

在完全竞争的劳动力市场上，每一位人力资源供给者与人力资源需求者均是市场价格的接受者。因此，我们假定人力资源需求者最大期望效用的底线是不亏本即可。再假设，员工跳槽时给企业造成的损失为 l，其中包括员工离职所造成的岗位空缺成本、对新员工招聘与培训的成本。当企业依照劳动契约申请违约支付时，员工需要支付给企业违约额为 β。特别需要指出，企业若被发现使用非法手段强制员工无法正常到岗，以致离职等欺诈行为发生，则企业不仅不能获得违约赔偿而且将会受到大小为 f 的经济处罚。

（二）模型分析中所使用符号与博弈均衡分析

员工与企业签订劳动合同，假定合同的规定薪酬待遇为 α_0，而员工违约事件发生后赔付额为 β_0。同时假定按合同规定，企业必须花费 $c_{企}$ 维持员工身体健康和工作动力，使违约事件尽量少发生，由此可能获得违约金降为 $\beta(\beta<\beta_0)$，此时实际支付货币薪酬也降为 α，显然只有当 $\alpha<\alpha_0-c_{企}$ 时，企业才愿意采取维持员工身体健康和工作动力的人文关怀措施。

员工也可以检查企业是否遵守劳动合同，检查费用为 $c_{员}$，若检查出企业没有遵守劳动合同，那么企业必须向员工缴纳数额为 f 的罚金。在这个博弈模型中企业和员工的策略集分别为｛遵守合同、不遵守合同｝及｛检查、不检查｝。

在现实中更多出现的情况往往是：企业以一定的概率遵守合同或不遵守合同，

① 表明当企业面临两种选择方案：一种具有确定的收益，而另一种具有相同的期望收益但具有不确定性时，企业将毫不犹豫地选择前者。

② 表明员工的期望效用值与对应的期望收入值是等价的。

员工也以一定的概率检查或不检查。假设企业不遵守劳动合约规定的概率为 a，员工检查企业行为的概率为 b，则企业与员工博弈支付矩阵见表 7—1，其中括号内第一个数字表示员工的支付，第二个数字表示企业的支付。

表 7—1　　企业与员工完全信息静态博弈支付矩阵

员工＼企业	遵守合同（$1-a$）	不遵守合同（a）
不检查（$1-b$）	$(\alpha-\beta,\ \beta-\alpha-c_{企})$	$(\alpha-\beta_0,\ \beta_0-\alpha)$
检查（b）	$(\alpha-\beta-c_{员},\ \beta-\alpha-c_{企})$	$(\alpha-\beta_0-c_{员}+f,\ \beta_0-\alpha-f)$

此时，企业的期望收益：

$$EU=(1-a)(1-b)(\beta-\alpha-c_{企})+(1-a)b(\beta-\alpha-c_{企})+a(1-b)(\beta_0-\alpha)+ab(\beta_0-\alpha-f) \tag{7—1}$$

员工的期望收益：

$$EV=(1-a)(1-b)(\alpha-\beta)+(1-a)b(\alpha-\beta-c_{员})+a(1-b)(\alpha-\beta_0)+ab(\alpha-\beta_0+f-c_{员}) \tag{7—2}$$

根据纳什均衡的定义，如果（a^*，b^*）满足条件：$EU(a^*,\ b^*)\geqslant EU(a^*,\ b)$ 与 $EV(a^*,\ b^*)\geqslant EV(a,\ b^*)$，即求解 $\frac{\partial EU}{\partial a}=0$，$\frac{\partial EV}{\partial b}=0$，则得该博弈唯一的纳什均衡点。

结论：当企业不遵守合约的规定，不采取维持员工身体健康等人文关怀措施的概率为 $a^*=\frac{c_{员}}{f}$，员工检查企业遵守合同行为的概率为 $b^*=\frac{c_{企}+\beta_0-\beta}{f}$ 时，企业的收益为 $EU(a^*,\ b^*)=\beta-\alpha-c_{企}$，而员工的收益为 $EV(a^*,\ b^*)=\alpha-\beta-\frac{c_{员}(\beta_0-\beta)}{f}$。

进一步讨论，若 $EV(a^*,\ b^*)<0$，则员工会拒绝签订劳动合同，所以应有 $EV(a^*,\ b^*)\geqslant 0$，即：$\alpha-\beta-\frac{c_{员}(\beta_0-\beta)}{f}\geqslant 0$，也即 $\alpha\geqslant\beta+\frac{c_{员}(\beta_0-\beta)}{f}$。若不计管理费用，企业支付员工最低的薪酬水平为：$\alpha=\beta+\frac{c_{员}(\beta_0-\beta)}{f}$。

二、不完全信息静态博弈分析

假设劳动力市场上存在两类人力资源供给者：能力弱者和能力强者。假设劳动力市场中能力弱者出现的概率为θ，则能力强者出现的概率为$1-\theta$，但企业在与求职者签订劳动合同时不知道求职者属哪一类型，具有不完全信息。

能力弱者在劳动合同有效期间内离职的概率为1，一旦离职则赔付β；能力强者在劳动合同有效期间内离职的概率为$p(p<1)$，则企业的策略选择为{签约、不签约}。

另外，假设能力弱者签订劳动合同的概率为a，能力强者签订劳动合同的概率为b；员工的策略选择为{检查、不检查}，设检查的概率为q，其他有关变量定义同上，则企业与员工博弈支付矩阵见表7—2，其中第一个数字表示员工的支付，第二个数字表示企业的支付。

表7—2　　企业与员工不完全信息静态博弈支付矩阵

企业 员工	能力弱者（θ）		能力强者（$1-\theta$）	
	签约（a）	不签约（$1-a$）	签约（b）	不签约（$1-b$）
检查（q）	$\alpha+f-c_{员}$，$-(\alpha+\beta+f)$	$-c_{员}$，$-\beta$	$\alpha-c_{员}-\beta p$，$-\alpha$	$-c_{员}$，0
不检查（$1-q$）	$\alpha-\beta$，$-\alpha$	0，$-\beta$	$\alpha-\beta p$，$-\alpha$	0，$-\beta p$

在给定θ，a，b，且其他变量保持不变的情况下，员工选择“检查”（$q=1$）和“不检查”（$q=0$）的期望收益分别是：

$$EV(1,\theta,a,b)=\theta(a(\alpha+f-c_{员})+(1-a)(-c_{员}))+(1-\theta)(b(\alpha-c_{员}-\beta p)+(1-b)(-c_{员}))\quad(7—3)$$

$$EV(0,\theta,a,b)=\theta(a(\alpha-\beta)+0(1-a))+(1-\theta)(b(\alpha-\beta p)+(1-b)(-c_{员}))\quad(7—4)$$

根据纳什均衡原则，员工在这两种情况下的收益应该无差异，即

$EV(1,\theta,a,b)=EV(0,\theta,a,b)$，解得$a=\dfrac{c_{员}}{\theta\beta}$。可见能力弱者签订劳动合同概率与其受到的惩罚成反比，即如果企业增加对能力弱者的惩罚，能力弱者的签订劳动合同概率就会减少。

三、完全信息动态博弈分析

在现实中，企业与员工签订劳动合同时，他们的行动是有先后顺序，且后行动

的企业在自己行动之前能观测到先行动的员工的行动，即自利的企业在签订劳动合同后，会根据员工的行动而选择，是积极地进行维护员工身体健康等人文关怀措施，还是消极的人文关怀。

（一）假设条件分析与说明

由于在劳动力市场中，有许多企业在与求职者签订劳动合同后，在员工安全生产管理及维护员工身体健康的措施中消极懈怠，导致员工离职的概率发生变化，并由此对双方当事人的收益产生影响，进而影响员工对劳动力价格的确定。

假设一：企业的行为将影响到员工离职概率。

不妨令员工离职概率为 $P(c_{企})$，$c_{企}$ 为企业用于安全生产管理和维护员工身体健康等成本，这里企业将有两种行为：一是努力做好安全生产管理与员工身心健康管理的行为，令 $c_{企}=c_1>0$；二是疏于安全生产管理与员工身心健康管理的行为，令 $c_{企}=0$，有 $P(c_1)<P(0)$。在此，笔者定义 $c_1\leqslant P(0)l-P(c_1)l$ 为有效防范；反之，为无效防范。一般而言，企业总是选择有效防范措施，即防范成本的支出能够带来员工离职的减少。为方便起见，不妨令 $p_1=P(c_1)$，$p_0=P(0)$。

假设二：员工与企业签订劳动合同时，薪酬福利待遇水平为 $\alpha=P(c_{企})l$。

假设三：企业选择谨慎安全生产防范措施的效用要大于疏于防范的效用。

通常，劳动力市场人力资源供求双方的博弈行动顺序是：人力资源供给者总是先按照一定的工资价格提供简历，然后人力资源需求者根据人力资源供给者在企业岗位中的行为出招，将选择谨慎防范安全隐患和疏于防范安全隐患两种行动。

人力资源供求双方博弈结果我们将通过图 7—1 的博弈树（第一个数字是员工的支付，第二个数字是企业的支付）来分析，图 7—1 给出了员工在离职概率为 $p_1=P(c_1)$ 或 $p_0=P(0)$ 下愿意接受薪酬福利水平的状况。

（二）动态博弈均衡分析

由假设三可知，企业选择谨慎防范安全生产措施的效用要大于疏于防范的效用，即：$p_1u(w-c_1-l)+(1-p_1)u(w-c_1)>p_0u(w-l)+(1-p_0)u(w)$。

如果员工按照 $p_0=P$（0）的工资水平提供人力资源供给，企业签订合同的最优选择是员工违约所需要支付足额罚金 $\beta=l$，此时企业在谨慎防范下的期望效用要小于疏于防范下的期望效用，为：$u(w-p_0l-c_1)<u(w-p_0l)$，因此，在 $p_0=P(0)$ 的价格下，企业肯定选择疏于防范的行为，此时有：$s<s+p_0l-p_1l$，员工收益为负。

而如果员工按照 $p_1=P(c_1)$ 的工资水平提供人力资源供给，对于打算疏于防范的企业而言，总会选择足额罚金 $\beta=l$。但是对于一直谨慎防范的企业而言，

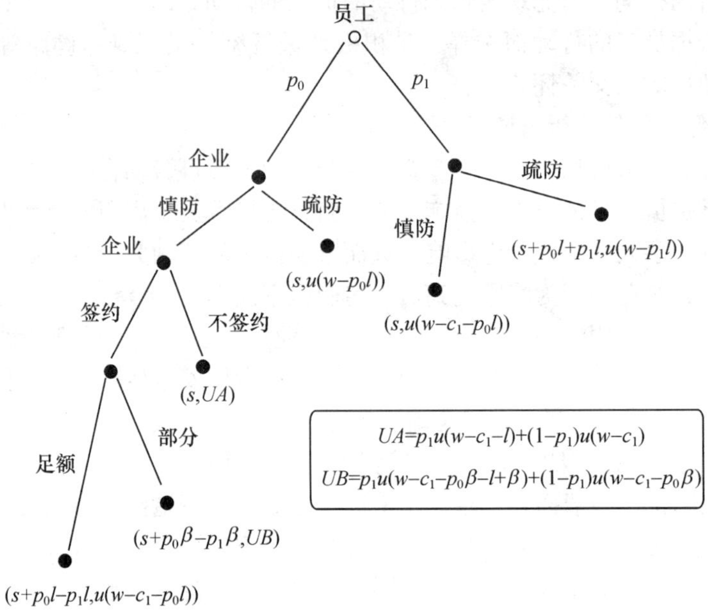

图 7—1　人力资源供求双方签订劳动合同的动态博弈

$p_0=P(0)$ 却是一个高价格。因此，企业或者宁愿选择谨慎防范而不需要员工违约后交纳足够罚金，或者选择部分罚款方式 $\beta<l$。那么，在 $p_1=P(c_1)$ 的价格下，如果 $UA\leqslant UB$，则企业更愿意签订那种少罚款 $\beta<l$，并进行谨慎防范的合同。而此时员工将会得到超额收益，即 $p_0\beta-p_1\beta>0$。为此，该博弈均衡就是下式的解：

$$\max p_1(s+\alpha\beta-\beta)+(1-p_1)(s+\alpha\beta)$$
$$s.t.\ p_1u(a_1)+(1-p_1)u(a_2)\geqslant UA$$
$$p_1u(a_1)+(1-p_1)u(a_2)\geqslant p_0u(a_3)+(1-p_0)u(a_4) \qquad (7—5)$$

其中，$a_1=w-c_1-\alpha\beta-l+\beta$，$a_2=w-\alpha\beta-c_1$，$a_3=w-l-\alpha\beta+\beta$，$a_4=w-\alpha\beta$。

从上面的分析可知，最优的情况下两个不等式约束都是束紧的，所以这其实可以转化为一个等式约束下的最大值问题。令 λ 和 μ 为上述两个约束式的乘子，则将拉格朗日表达式对 β 求导，得到最优的 α 满足下式：

$$p_1+(\lambda+\mu)[p_1(1-\alpha)u'(a_1)-\alpha(1-p_1)u'(a_2)]$$
$$-\mu[p_0(1-\alpha)u'(a_3)-\alpha(1-p_0)u'(a_4)]=0 \qquad (7—6)$$

显然，这并非竞争均衡。因为在竞争性的劳动力市场中，任何低于 $p_0=P(0)$

的价格都会吸引企业，转而与求职者签订劳动合同。因此，在竞争的劳动力市场中其他求职者完全可以通过降价打破可能的均衡，最终的均衡价格将降到 $p_1=P(c_1)$。但是，在 $p_1-P(c_1)$ 的工资水平下，企业最优的选择是疏于防范并转嫁全部风险。因此，足额罚金不可能是均衡结果，单纯的价格策略不可能达到均衡。

如果考虑只有两期的重复交易模型。假设，人力资源供给者（即员工）在第一期之后观察到企业上一期的行为，然后根据企业的行为决定第二期的所需薪酬水平。如果仅考虑价格因素，在第二期无论员工所要求薪酬水平是高还是低，企业最优的选择都是要求足额违约支付金并且放松防范。因此，员工考虑到第二期企业总是会选择放松防范，那么在第一期的最优定价就是高价格 $p_0=P(0)$，从而形成垄断均衡。

四、不完全信息动态博弈分析

人力资源供求双方博弈的行动顺序如图 7—2 所示。

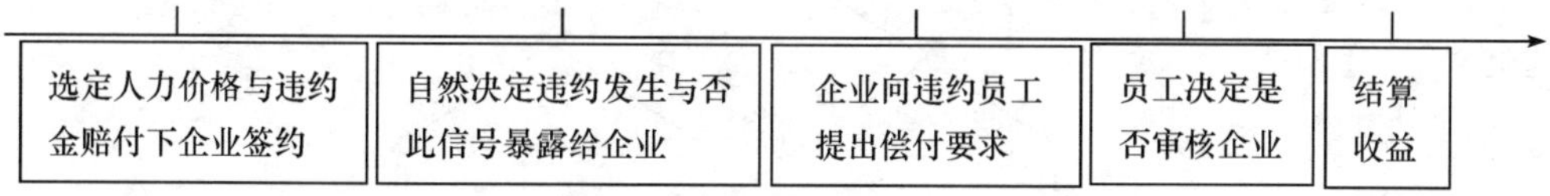

图 7—2　人力资源供求双方签订劳动合同的动态博弈行动顺序

图 7—2 揭示的是，人力资源供求双方签订劳动合同后，人力资源需求方可能发生事后道德风险的情况，这就需要聘用员工的企业具有维护员工身心健康的安全管理措施及执行力度。

（一）假设条件

假设四：企业的类型空间为 $\Theta=$ {安全生产，不安全生产}，其中员工离职概率为 $p=P(c_{企})$，$c_{企}$ 为企业在维护员工身心健康的安全生产管理中所付出的成本。员工虽然不知道企业的风险损失类型，却知道自然 N 为企业所选择的风险损失类型的先验概率。

假设五：

企业的行动空间

$A_1=\{T, B\}$，其中 T 指提出偿付请求，B 指不提出偿付请求；

员工的行动空间

$A_2=\{S, F\}$，其中 S 指对局中人 1 的审核但需支付成本 c，F 指不审核。

假设六：离职员工按企业实际损失偿付违约金。

（二）博弈行动顺序

（1）人力资源供求双方签订了劳动合同后，劳动合同规定了企业应该支付给员工的薪酬待遇及员工的违约赔付机制；

（2）自然 N 首先选择投保人的风险类型 $\theta \in \Theta$，企业知道，但是员工不知道，员工只知道企业属于 θ 的先验概率为 p 或 $1-p$；

（3）企业在得知自己的风险类型后，做出是否要求员工在合同期内离职并需要作出偿付的决策；

（4）根据企业行动，员工利用贝叶斯法则由先验概率得到后验概率，然后选择行动，即是否对企业所提出的偿付要求进行审核；

（5）支付的最终分配（见图 7—3），矩阵中第一个数字是企业的支付，第二个数字是员工的支付。

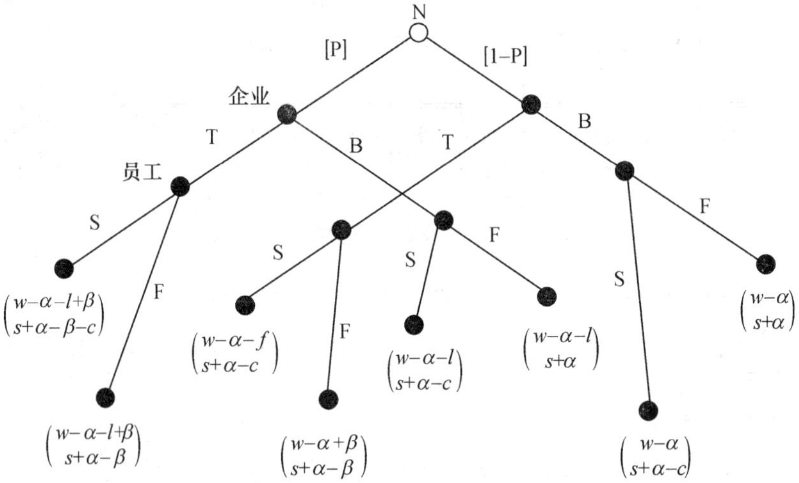

图 7—3　人力资源供求双方签订合同的扩展式表示

（三）博弈模型的均衡分析

不难看出，该博弈问题是一个信号传递博弈，当企业发出信号时，企业预测到员工将根据其所发出的信号修正对自己类型的判断；同样，员工知道企业选择的是给定类型和考虑信息效应情况下的最优战略，因此使用贝叶斯法则修正对企业的类型的判断，选择自己的最优行动。

利用逆推归纳法可以求解这类博弈问题，当 $p \leqslant \dfrac{1}{2}$ 时可获得混合策略下的精炼贝叶斯纳什均衡。在给定相应参数和审核成本 c 的前提下，该种精炼贝叶斯混合策略纳什均衡可描述为：

（1）当企业不愿做维护员工身心健康的安全生产管理时，企业总是选择提出员工在合同期内离职的偿付要求的博弈策略；

（2）当企业愿意做维护员工身心健康的安全生产管理时，企业会以概率 q 提出员工在合同期内离职的偿付要求的决策；

（3）当企业不对员工在合同期内离职提出偿付要求时，员工不会对企业是否进行维护员工身心健康的安全生产管理进行审核；

（4）当企业对员工在合同期内离职提出偿付要求时，员工会以概率 z 做出对企业是否进行维护员工身心健康的安全生产管理进行审核。

（四）q 与 z 值的确定

在均衡状态下，企业的策略是使员工在企业有无维护员工身心健康的安全生产管理时效用无差别，即

$u(w-\alpha)=zu(w-\alpha-f)+(1-z)u(w-\alpha+\beta)$，由此可得：

$$z=\frac{u(w-\alpha+\beta)-u(w-\alpha)}{u(w-\alpha+\beta)-u(w-\alpha-f)} \tag{7—7}$$

$\because q=P$（企业向员工提出离职偿付要求｜企业进行安全生产管理）

又 $\because P$（企业向离职员工提出违约偿付要求｜企业没有进行安全生产管理）$=1$

$\therefore$ 令 $\eta=P$（企业进行安全生产管理｜企业向离职员工提出违约偿付要求）$=$

$$\frac{(1-p)q}{p+(1-p)q} \tag{7—8}$$

同理，企业的策略使员工感到在进行审核和不进行审核之间是无差别的，当且仅当，须使 η 满足：$\eta(s+\alpha-c)+(1-\eta)(s+\alpha-\beta-c)=s+\alpha-\beta$，由此可得：$\eta=\frac{c}{\beta}$，再代入式（7—8）中，得到企业对员工在合同期内离职的偿付要求的概率：

$$q=\left(\frac{c}{\beta-c}\right)\frac{p}{1-p} \tag{7—9}$$

（五）员工合同工资 α 值的确定

假设员工的支出包括三部分：员工在企业没有安全生产管理状态下离职给企业

的偿付 $p\beta$；员工由于审核费用太昂贵没有检查企业行为而被无辜付出的违约偿付 $q\beta(1-p)(1-z)$；员工对所有违约偿付要求进行审核所导致的监管成本支出 $cz[p+(1-p)q]$。

∵　员工期望薪酬水平＝员工离职的期望支出

∴　$$\alpha=p\beta+q\beta(1-p)(1-z)+cz[p+(1-p)q] \tag{7—10}$$

将式（7—9）代入式（7—10）中，可得：

$$\alpha=p\beta+q\beta(1-p)=\frac{\beta^2 p}{\beta-c}>p\beta \tag{7—11}$$

由式（7—11）知，α 与 z 是相互独立的，即在均衡点，员工对企业是否进行安全生产管理的审核概率与期望薪酬水平无关，这与直观上的考虑是相符合的，而且 α 总是大于员工在零利润时的合同工资。

五、基于心理契约的人力资源供求博弈模型分析

劳动关系和心理契约都是动态变化的，在人力资源供求双方之间形成一种心理期望均衡有利于劳动关系的和谐稳定发展。

假定一家制造企业采取计件工资制，w 为单位合格产品付给劳方的工资，$S(w)$ 为劳方单位合格产品心理期望工资。当 $S(w)\leqslant w$ 时，劳方期望单位产品工资小于实际单位产品工资，劳方“喜出望外”，则劳方的心理契约得到了有效履行，因此，劳方得到了有效的激励，劳方的积极性和对资方的认同感、归属感和忠诚度得到了很大提高；当 $S(w)>w$ 时，即劳方期望的单位产品工资大于实际单位产品工资，劳方“大失所望”，则劳方的心理契约受到违背，因此，劳方未能得到激励，劳方的积极性和对资方的认同感、归属感和忠诚度下降。

为建模需要，引入了柯布—道格拉斯生产函数：

$$Y=F(K,\ AL)=K^{\alpha}(AL)^{1-\alpha},\ 0<\alpha<1 \tag{7—12}$$

式中　Y——产量；

K——资方投入的资本；

L——付出的劳动；

A——劳动的有效性系数；

α——产出的资本弹性。

则单位产品投入资本为：

$$\frac{K}{Y}=\frac{K}{K^{\alpha}(AL)^{1-\alpha}}=\left(\frac{K}{AL}\right)^{1-\alpha} \tag{7—13}$$

由于单位产品工资 w 是单位产品投入资本$\frac{K}{Y}$的一部分，因此，假定：

$$\frac{K}{Y}=\left(\frac{K}{AL}\right)^{1-\alpha}=kw$$

式中 k——单位产品工资占单位产品投入资本的比率。

假定单位产品售价为 p，且单位产品投入资本不大于单位产品售价，即：

$$\left(\frac{K}{AL}\right)^{1-\alpha}\leqslant p$$

则资方的收益函数为：

$$\begin{aligned}U_c&=\left(p-\frac{K}{Y}\right)Y=pK^{\alpha}(AL)^{1-\alpha}-K\\&=pK^{\alpha^2}(AL)^{1-\alpha^2}(kw)^{\alpha}-K^{\alpha}(AL)^{1-\alpha}kw\end{aligned}\tag{7—14}$$

假定劳方单位产品付出的成本为 $f(AL)$，显然，$f(AL)$ 为有效劳动量 AL 的单调增函数。在心理契约作用下，劳方对资方的期望单位产品收益为 $S(w)$，一般来说，期望单位产品收益 $S(w)$ 为实际单位产品工资的单调增函数，则劳方的收益函数为：

$$U_l=(S(w)-f(AL))Y=(S(w)-f(AL))K^{\alpha}(AL)^{1-\alpha}\tag{7—15}$$

假定劳方选择最优有效劳动量 AL^*，则对劳方收益函数求解一阶条件，即：

$$\frac{\partial U_l}{\partial AL}=(S(w)-f(AL))K^{\alpha}(1-\alpha)(AL)^{-\alpha}-f'(AL)K^{\alpha}(AL)^{1-\alpha}=0$$

则在 $S(w)$ 的心理工资的激励下，劳方的最优有效劳动量为：

$$AL^*(w)=\frac{(1-\alpha)(S(w)-f(AL^*))}{f'(AL^*)}\tag{7—16}$$

将 $AL^*(w)$ 代入 U_c，则有：

$$\begin{aligned}U_c&=pK^{\alpha^2}(AL^*)^{1-\alpha^2}(kw)^{\alpha}-K^{\alpha}(AL^*)^{1-\alpha}kw\\&=pK^{\alpha^2}\left[\frac{(1-\alpha)(S(w)-f(AL^*))}{f'(AL^*)}\right]^{1-\alpha^2}(kw)^{\alpha}\\&\quad-K^{\alpha}\left[\frac{(1-\alpha)(S(w)-f(AL^*))}{f'(AL^*)}\right]^{1-\alpha}kw\end{aligned}$$

则资方根据劳方的有效劳动量选择最优单位产品工资 w^*，对资方收益函数求解一阶条件，即：

$$\frac{\partial U_c}{\partial w}=pK^{\alpha^2}(1-\alpha^2)(AL^*)^{-\alpha^2}\frac{(1-\alpha)S'(w)}{f'(AL^*)}(kw)^{\alpha}+pK^{\alpha^2}k^{\alpha}\alpha w^{\alpha-1}-$$

$$K^{\alpha}(1-\alpha)(AL^*)^{-\alpha}\frac{(1-\alpha)S'(w)}{f'(AL^*)}kw-K^{\alpha}(AL^*)^{1-\alpha}k=0$$

经化简计算得：

$$p\left(\frac{K}{AL^*}\right)^{\alpha^2-\alpha}(kw)^{\alpha-1}=\frac{S(w)-f(AL^*)+(1-\alpha)S'(w)w}{\alpha(S(w)-f(AL^*))+(1-\alpha^2)S'(w)w}$$

由于$\frac{K}{Y}=\left(\frac{K}{AL}\right)^{1-\alpha}=kw$，因此有：

$$p\left(\frac{K}{AL^*}\right)^{\alpha^2-\alpha}(kw)^{\alpha-1}=p\left(\left(\frac{K}{AL^*}\right)^{\alpha}\left(\frac{K}{AL^*}\right)^{1-\alpha}\right)^{\alpha-1}=p\left(\frac{AL^*}{K}\right)^{1-\alpha}$$

$$=\frac{S(w)-f(AL^*)+(1-\alpha)S'(w)w}{\alpha(S(w)-f(AL^*))+(1-\alpha^2)S'(w)w}$$

即资方的最优单位产品工资满足：

$$S(w^*)=-\frac{\frac{1}{p}\left(\frac{K}{AL^*}\right)^{1-\alpha}-(1+\alpha)}{\frac{1}{p}\left(\frac{K}{AL^*}\right)^{1-\alpha}-\alpha}(1-\alpha)S'(w^*)w^*+f(AL^*) \quad (7—17)$$

由于单位产品投入资本不大于单位产品售价，即：

$$\left(\frac{K}{AL}\right)^{1-\alpha}\leqslant p$$

则有：

$$\frac{1}{p}\left(\frac{K}{AL^*}\right)^{1-\alpha}\leqslant 1$$

期望单位产品收益 $S(w)$ 为实际单位产品工资的单调增函数，则有 $S'(w^*)>0$，由于 $0<\alpha<1$，所以当$\frac{1}{p}\left(\frac{K}{AL^*}\right)^{1-\alpha}>\alpha$，即单位产品投入资本与单位产品售价之比大于产出的资本弹性 α 时，$S(w^*)$ 和 w^* 呈正向变动关系，最优实际单位产品工资 w^* 越高，对应的期望单位产品工资 $S(w^*)$ 越高。反之，$S(w^*)$ 和 w^* 呈反向变动关系。

将 $S(w^*)$ 代入 $AL(w^*)$，从而劳方得到最优的有效劳动量为：

$$AL^*(w) = -\frac{1-\alpha}{f'(AL^*)} \frac{\frac{1}{p}\left(\frac{K}{AL^*}\right)^{1-\alpha} - (1+\alpha)}{\frac{1}{p}\left(\frac{K}{AL^*}\right)^{1-\alpha} - \alpha}(1-\alpha)S'(w^*)w^*$$

(7—18)

由于 $f(AL)$ 是 L 的单调增函数，即有 $f'(AL)>0$，所以，当$\frac{1}{p}\left(\frac{K}{AL^*}\right)^{1-\alpha}>\alpha$，即单位产品投入资本与单位产品售价之比大于产出的资本弹性 α 时，资方最优实际单位产品工资 w^* 与劳方最优有效劳动量 AL^* 呈正向变动关系，资方最优实际单位产品工资 w^* 越高，劳方付出的最优有效劳动量 AL^* 就越大；反之，AL^* 和 w^* 则呈反向变动关系。

可见，当单位产品投入资本与单位产品售价之比大于产出的资本弹性 α 时，最优单位产品工资 w^* 与单位产品期望工资 $S(w^*)$ 和劳方最优有效劳动量 AL^* 呈正向变动关系，w^* 越高，$S(w^*)$ 越高，AL^* 就越大；反之，当单位产品投入资本与单位产品售价之比小于产出的资本弹性 α 时，情况则相反。

因此，对于企业实际操作来说，当单位产品投入资本与单位产品售价之比大于产出的资本弹性 α 时，资方若提高最优单位产品工资 w^*，劳方的期望单位产品工资 $S(w^*)$ 也会提高，而劳方对应付出的最优有效劳动量 AL^* 就越大，因此，对于资方来说，最优有效劳动量 AL^* 增大是有利的，而最优期望单位产品工资 $S(w^*)$ 提高则是不利的，尤其是当 $S(w^*)>w^*$ 时，劳资双方的心理契约会违背或破裂，这会降低员工的工作积极性，进而引发有效劳动量的降低甚至人才流失。因此，可以通过员工大会等正式渠道以及新老员工之间的交流非正式渠道进行信息传递，使员工相信并且确信期望的工资不会像想象中的那么高，即降低员工最优的期望单位产品工资 $S(w^*)$，从而使企业与员工之间缔结的心理契约中的工资是符合实际而无虚高的情况，最终达到 $S(w^*)\leqslant w^*$。这种情况使期望的单位产品工资不大于实际单位产品工资，员工得到的实际工资不低于期望工资甚至比期望工资还要高，企业与员工之间的心理契约得到了切实的履行，使员工对于企业的信任、忠诚度以及归属感得以加强，实现有效激励，从而可以达到留住人才的目的。

反之，当单位产品投入资本与单位产品售价之比小于产出的资本弹性 α 时，资方若提高最优单位产品工资 w^*，劳方的期望单位产品工资 $S(w^*)$ 会降低，而劳方对应付出的最优有效劳动量 AL^* 也会减小，因此，对于资方来说期望单位产品工资 $S(w^*)$ 降低是有利的，而有效劳动量 AL^* 减小则是不利的，此时，心理契约不会发生违背或破裂，但企业的实际产出和绩效在降低。在这种情况下，资方应该不只是通过提高最优单位产品的工资以激励员工，更重要的是要重视员工的真实需求，此时也许工资的激励不足以提高最优有效劳动量，资方可以通过公开表扬、晋升等方式满足劳方尊重或自我实现的需求而提高最优的有效劳动量。

总之，该模型表明：当单位产品投入资本与单位产品售价之比大于产出的资本弹性时，最优单位产品工资与单位产品期望工资以及劳方最优有效劳动量呈正向变动关系；反之，当单位产品投入资本与单位产品售价之比小于产出的资本弹性时，最优单位产品工资与单位产品期望工资以及劳方最优有效劳动量呈反向变动关系。因此，当单位产品投入资本与单位产品售价之比大于产出的资本弹性时，资方可以通过员工大会、新老员工交流会等方式降低最优期望单位产品工资，从而达到有效激励、留住人才的目的；当单位产品投入资本与单位产品售价之比小于产出的资本弹性时，资方可以通过加强监管，寻求其他的激励方式提高员工的有效劳动量，从而达到有效激励、留住人才的目的。[①]

---

① 陈志栓，丁可，王慧敏，陈军飞．基于心理契约的劳资博弈模型研究［J］．中国管理科学，2007（10）．

第八章　人力资源供给者的薪酬激励方案

章首案例：变味的股权激励

股权激励漂洋过海来到中国后，逐渐演变成了高管利益输送的新通道。眼下，中石油旗下的昆仑能源股权激励模式就引发外界不小的争议。尽管身处垄断行业，但这家香港上市的公司截至 2011 年上半年，授出及尚未行使的期权股份数为 1.576 亿股，占公司发行股本的 3.18%。而一批 2007 年 1 月 8 日授出的 8 000 万份管理层激励期权，于 2012 年 1 月 7 日到期，该批期权的行使价为 4.186 港元。一直宣称未来将获得母公司注资、成为其整合天然气相关中下游资产平台的昆仑能源，一旦快到行权期“果真”注资，公司业绩和股权激励兑现将实现“完美匹配”。即便以 2011 年 12 月 12 日 10.06 港元收盘价测算，公司主席李华林、执行董事张博闻、执行董事兼高级副总裁成城也将分别获益 1.47 亿港元、1.17 亿港元和 5 874万港元。

昆仑能源不是孤例。截至 2010 年年底，沪深股市 240 家上市公司公布了股权激励方案。这些公司由于存在一定幅度的盈余管理行为，人为地调整报表平滑利润，业绩上普遍有所改善。事实上，股权激励与上市公司盈余管理程度密切相关：激励数量多则盈余管理幅度大；行权限制期短盈余管理冲动更强烈；国有控股上市公司盈余管理的程度超过非国有上市公司，当然激励的效果更弱；市场化程度高的地区上市公司盈余管理程度比其他地区更低一些。股权激励的作用由此扭曲异化，尤其对国有控股上市公司来说，在公司治理和监管仍不健全的情况下，制度套利成为高管自利的“理性选择”。那么，该如何切断股权激励的盈余管理之“手”呢？

（1）业绩操控“绝技”层出

股权激励在激励高管层提升业绩方面的确作用不小，在实施股权激励的上市公司中，高管层为了达到行权条件，表现出惊人的一致，纷纷采用各种盈余管理的方式来“揠苗助长”企业绩效。

减值准备调节盈余。资产减值准则给予了企业很大的选择性，企业可以根据资产的实际状况确定计提标准，一经确定，不得随意改变。但计提的灵活性和随意性却给了上市公司调节利润的机会。实施股权激励的公司打算操纵资产减值准备的计提，往往会在实施前一年大额计提资产减值损失，在下一个年度进行转回（仅限流动性资产减值）或是少计提，以达到平滑利润，达到股权激励所设定的业绩标准。新湖中宝2008年实施股权激励计划，公司2007年的资产减值率为13.5%，较之2006年的负67%增长了80个百分点，实施股权激励计划当年的资产减值率为5.8%，2009年的资产减值率为0.27%。通过平滑资产减值额实现了业绩的增长，满足了行权条件。

重组变脸。上市公司可以通过股份转让、资产置换、对外转让资产、对外收购兼并等手段调整公司的经营业绩。企业可能在实施股权激励之前进行大量的资产购置或更新，以期在日后尽量做到少支出、多利润。上市公司抑或在股权激励计划实施之后，通过资产的转让或处置，剥离不良资产，进行相关资产置换等取得关联方优质资产，避免经营不良资产产生的损失或亏损。

会计政策选择。由于存在信息不对称，以及企业往往进行选择性信息披露，致使外部利益相关者很难知道企业适用哪种会计政策或正确的估计，在这种情况下，企业可以根据自身利益来选择会计政策，做出“合理”估计。一般通过变更折旧方法和折旧年限、变更存货计价方法、变更坏账准备计提方法和变更长期股权投资的核算方法等手段来进行盈余管理。如伊利股份在2006年实施股权激励，2007年就报告业绩亏损，究其原因则是大额摊销股权激励费用。根据现行企业会计准则，股权激励费用应尽早摊销，然而，伊利股份股权激励计划所设定的行权期长达8年，为何要在两个年度内就摊销所有的股权激励费用，造成2007年业绩亏损？事实上，这一行为就是企业高管实行会计政策选择来进行盈余管理，提前摊销，侵占企业盈余。

人为削减费用。当前上市公司的股权激励大部分是设定业绩指标进行考核，当公司经营业绩达到行权标准后方可行权。这样的激励方案刺激了被授予方努力“提升”业绩，以求获受股权。费用作为企业经营业绩的扣减项，它的降低将会有助于业绩提升目标的实现，使人为削减费用迎合行权标准，成了可选盈余管理策略。中兴通讯自2006年实施股权激励后，连续数年收入大幅增长，增长率接近160%，然而，公司费用占收入比例却在不断地下降，销售费用和管理费用从2007年起较2006年逐步降低，到2009年分别降低了1%之多。这一反常的现象不得不让人怀疑其通过费用进行了盈余管理。

（2）警惕激励扭曲异化

作为市场“金手铐”的股权激励，通过国内上市公司的实践真可谓让人眼前一亮，原来这一机制早已失去了它应有的功能，转化为高管利益输送的工具。高管通过股权激励来输送利益之所以能成功，其实是因为他们在制订股权激励方案时就早已下好了套，在后续的年度内只需要按部就班地实施，就可以确保功德圆满。所以，我们要想矫正股权激励实效问题，就必须从源头着手，切断根源。

股权激励要想真正发挥激励作用，必须做好激励方案的设计工作。当前的股权激励方案多采用业绩标准来设定行权条件，这一标准本身无可非议，但是很多公司在具体指标设计上存在严重的缺陷，比如指标单一，或是业绩标准设定过低等。一种方案能否发挥预期的作用，最基本的保证就是方案本身的设计要科学合理。因此，当前企业的股权激励方案还有待进一步完善。

要继续深化国有企业改革和产权制度改革，优化公司治理结构，培育成熟有效的资本市场，健全资本市场交易和监督机制，特别是强化注册会计师的外部审计职能，加大外部审计监督力度，以更好地约束上市公司盈余管理行为。

盈余管理不具有可持续性。短期内进行盈余管理能够帮助达到其行权标准，长期运用则有相当大的难度，尤其对实施操控性盈余管理而言。股权激励作为一种长期激励机制，就其性质而言，企业不适合进行盈余管理来迎合行权标准。那么，像伊利股份的股权激励方案，为何行权期设为八年也引起高管进行盈余管理呢？那是因为按照这一激励方案，获授人在首次行权后，剩余的75%股票期权可以选择在有效期内任何时间行权，行权时间弹性很大。从中可以看出，长期激励机制正演化为短期激励的行为，这应引起人们的警惕。

一、整体薪酬与人力资源薪酬模式

所谓整体薪酬，是指企业在员工充分参与的基础上，建立每个员工不同的薪酬组合系统，并定期随着他们的兴趣爱好和需求的变化，做出相应的变更，这是一种自主风格的薪酬制度，各个雇员可以按照事业发展、工作和个人生活的协调比率，决定自己的薪酬组合以及组合中各种薪酬元素的比例。

整体薪酬体系又称为自助餐式的薪酬方案，是在企业与员工充分沟通的基础上来确定员工的薪酬形式，埃德·劳勒认为：“整体薪酬体制不仅仅是指经营赢利分享，工资以技能为基础并有雇员的参与，而且通过薪酬和福利（即现金和非现金手段），帮助建立一种雇主与雇员之间的伙伴关系，将企业的经济效益与各位员工直接挂钩。”

（一）整体薪酬结构

特鲁普曼认为，整体薪酬包含了5大类10种成分，它可以用一个薪酬等式来表现[1]，即：$TC=(BP+AP+IP)+(WP+PP)+(OA+OG)+(PL+OL)+X$。

其中，TC：整体薪酬；BP：基本工资；AP：附加工资，定期的收入，如加班工资等一次性报酬；IP：间接工资，主要指福利，有法定福利和企业福利；WP：工作用品补贴，如工作服、办公用品等；PP：额外津贴，如购买企业产品的优惠折扣；OA：晋升机会，即企业内的提拔机会；OG：发展机会，企业提供的所有与工作相关的学习和深造机会，包括在职脱产培训和学费赞助；PL：心理收入，如员工从工作本身和公司得到的精神满足；OL：生活质量，指生活中其他方面的重要因素，如弹性工作时间、班车接送、子女入托等；X：私人因素，如可否带宠物上班、个人收藏等。

在我国，整体薪酬不仅包括组织向员工提供的经济性报酬和福利，还包括为员工创造的良好的工作环境以及工作本身的内在特征、组织特征等所带来的非经济性心理效用。[2] 总体薪酬系统结构见表8—1。

表8—1　　薪酬系统结构

<table>
<tr><td rowspan="11">总体薪酬系统结构</td><td rowspan="11">经济薪酬</td><td rowspan="6">直接经济薪酬</td><td>基础工资：组织根据员工的工作任务、职务、技能、资历，按照一定的时间周期定期发放的固定报酬</td></tr>
<tr><td>绩效工资：根据员工年度绩效评价结果发放的对基础工资的增加部分</td></tr>
<tr><td>奖金：根据员工是否达到或超过某种事先建立的标准、目标或绩效而发放的浮动报酬</td></tr>
<tr><td>股权：员工获得的对本组织股份的购买权和支配权</td></tr>
<tr><td>红利：持股员工按照组织的红利派发办法得到的收入</td></tr>
<tr><td>各种津贴：对员工工作中不利因素的补偿</td></tr>
<tr><td rowspan="5">间接经济薪酬（福利）</td><td>保险：按照国家法律规定或组织经济条件为员工购买的保险</td></tr>
<tr><td>补助：对员工额外付出的经济补助</td></tr>
<tr><td>优惠：组织为员工提供的在一定范围内较正常条件更优的待遇</td></tr>
<tr><td>服务：组织向员工提供的工作、生活、学习和成长等方面的服务</td></tr>
<tr><td>带薪休假：员工休假时也可以享受工资待遇</td></tr>
</table>

① 约翰·E. 特鲁普曼，薪酬方案——如何制定员工激励机制［M］. 胡零，刘智勇，译，上海：上海交通大学出版社，2002：35.

② 彭剑锋主编．人力资源管理概论［M］．上海：复旦大学出版社，2003：374.

续表

总体薪酬系统结构	非经济薪酬	工作本身	工作的趣味性：工作内容、方式符合员工兴趣的程度
			工作的挑战性：对员工而言有一定难度的工作
			工作的责任：由员工个人承担的工作责任
			工作的成就感：员工完成工作任务后的自豪感
			在工作中发挥个人才干的机会
			在工作中获得褒奖的机会
			工作中获得个人成长和发展的机会
			弹性工作制：可由员工自主决定工作时间
			工作分担：员工能够单独承担的工作任务
			缩减的周工作时数
		工作环境	友好和睦的同事关系
			领导者的个人品质与风格
			舒适的工作条件
			组织中的知识与信息共享
			团队氛围：相互帮助、协作、为共同目标努力以及持续学习等氛围
		组织特征	组织在业界的声望、品牌与领先地位
			组织高速成长带来的机会与前景
			组织的管理水平
			组织的文化氛围

（二）人力资源薪酬形式

薪酬体现了组织与员工之间的利益交换关系。对于组织而言，它是吸引优秀人才的重要工具，是激励员工提高效率和创造价值的手段；对于员工而言，它为员工提供本人及家庭基本生活保障，并体现员工的社会价值，让员工获得精神上的满足。在不同的环境、目标和条件下，组织的薪酬表现出多种多样的形式。

按照支付的形式，薪酬可划分为货币薪酬和非货币薪酬。货币薪酬指组织用货币形式支付给员工的报酬，通常被认为是核心薪酬，也是员工收入的主要部分，包括基本工资、奖金、各种补贴和津贴。非货币薪酬是组织通过实物、服务或安全保障等形式支付给员工的报酬，大多数情况下它表现为员工福利或额外薪酬，包括保障计划、带薪假期和服务等。[①] 随着经济的发展，非货币薪酬已成为薪酬越来越重要的组成部分。

按照支付的时间，薪酬可划分为短期薪酬与长期薪酬。短期薪酬是工作任务完成后立即发放或在较短时间内发放的薪酬，它通常不会超过1年。如工资、奖金和服务。长期薪酬则指员工可以长期获得或组织延期支付的利益，如员工持股计划、股票期权等。

按薪酬的等级数量，可划分为窄带薪酬和宽带薪酬。窄带薪酬即传统的薪酬，是薪酬与职位成基本对应关系、薪酬等级数量较多的薪酬体系。窄带薪酬是一种鼓励员工升职的系统，员工提薪必须先升职，业绩基本不影响薪酬，且通常包含30多个级别。宽带薪酬则是鼓励员工创造绩效的系统。在宽带薪酬系统中，薪酬等级相对较少，而每一级对应的薪酬浮动范围较大，低级别的员工只要工作业绩出色，所对应的薪酬有可能超过甚至大大超过高级别的员工。

按薪酬的作用，可分为保健性薪酬和激励性薪酬。保健性薪酬是让员工基本满意，能够维持组织正常运转的薪酬，如与市场基本持平的工资、小额福利等。激励性薪酬是能够激励员工提高工作效率和创造性的薪酬，如奖金、绩效薪酬、利润分享计划、学习与成长机会等。

按薪酬构成，可分为统一薪酬与个性化薪酬。统一薪酬指由组织统一确定薪酬结构，适合于所有员工的薪酬体系。个性化薪酬又称自助式薪酬，指组织设计一个尽量宽的薪酬选择范围，员工可以在此框架内根据个人需求进行相应的调整与组合所形成的独具特色的薪酬系统。[②] 个性化薪酬最主要的特点是多样性、定制化与动态性，它是一种以员工为中心的薪酬系统。

按薪酬的稳定性，可分为基本薪酬与可变薪酬。基本薪酬是员工较稳定的那一部分收入，如工资、固定津贴、法定福利等，其数额变动不大，可让员工产生安全感。它还常常被作为计算可变薪酬的依据。可变薪酬是一种根据组织发展需要而向员工支付的数额不固定的动态薪酬，例如技能工资、特殊奖励、股票期权等。[③] 可变薪酬比固定薪酬具有更强的激励作用。

（三）人力资源薪酬模式

我国有五种基本的人力资源薪酬模式，即基于岗位的薪酬模式、基于绩效的薪

① 文跃然．薪酬管理原理［M］．上海：复旦大学出版社，2004：5．

② 刘君，朱平利．个性化的薪酬制度设计［J］．北京：企业改革与管理，2004（8）．

③ 许文琴．构建有激励性的薪酬体系［J］．北京：求实，2004（5）．

酬模式、基于能力的薪酬模式、基于市场的薪酬模式、基于年功的薪酬模式。[①] 有的组织只采用其中的一种，而有的组织则将两种以上的薪酬模式组合成自己独特的薪酬模式。

1. 基于岗位的薪酬模式

基于岗位的薪酬模式是依据岗位在组织内的相对价值为员工付酬的方式。基于岗位的薪酬模式需要具备下列实施条件：①组织内部要建立一套规范的职位管理体系，包括规范的岗位设置、职位序列、职位说明书，既是岗位管理的基础，也是评价员工工作绩效与能力的依据。②运用科学的量化评估系统对岗位相对价值进行评估。对组织而言，越重要的岗位相对价值越高，其在岗员工的工资也越高。③在岗员工的能力要与岗位要求相匹配。员工能力高于或低于岗位要求都可能导致不公平。

基于岗位的薪酬模式有两大优势：真正实现了同岗同酬，有较强的内部公平性；薪酬与职务挂钩，调动了员工努力工作争取晋升的积极性。但是，其不足也较为明显：重视内部公平性而忽略了外部竞争性，对于稀缺人才没有多大吸引力；加薪的前提是晋级，而晋级的机会往往不多，不利于员工的职业发展，还可能导致晋级中的恶性竞争；其导向是遵从等级秩序和严格的规章制度，鼓励员工晋升而不是获得绩效。它最适合职位级别比较多，外部环境相对稳定，竞争压力不是非常大的传统科层组织和要求任职者有效地履行其职责的管理类岗位。

2. 基于绩效的薪酬模式

基于绩效的薪酬模式是依据组织整体绩效、部门绩效或者员工个人绩效向员工付酬的方式。至于选择何种绩效为依据，要看组织具体情况和岗位性质而定。例如，部门管理者并不能左右组织的整体绩效，把组织绩效作为他们的计薪依据就缺乏合理性。基于绩效的薪酬模式对组织的绩效管理要求较高，它不仅需要明确的岗位职责体系，还要求建立科学合理的目标分解和考核体系。落实到每个员工身上的绩效目标，会激励员工主动积极、竭尽所能、持续创新，从而实现并超过组织原定的绩效目标。

基于绩效的薪酬模式有以下明显的优点：①通过绩效目标来引导员工的行为，为实现组织绩效目标提供了保证；②符合公平性原则，激励效果明显；③组织与员工利益均沾，风险共担，当组织绩效不佳时，能够节省人工成本。总之，它有利于降低管理成本和提高产出。其不足表现在：①容易导致内部成员的不良竞争。为取

---

① 田效勋．薪酬模式设计［J］．北京：企业管理，2003（3）．

得好的个人绩效，员工可能轻视组织内协作，甚至损害其他员工、部门或组织整体绩效。②绩效评估很难做到客观准确。如果用并不完善的绩效考核系统得出的不符合客观事实的考核结果作为向员工付酬的依据，其结果必然不公平，不但不能享受绩效付酬带来的激励，反而会造成员工的不满。另外，高的绩效也许是环境条件造成的，与员工的努力本身关联不大，反之亦然。③绩效付酬有可能造成能“同甘”不能“共苦”的后遗症。即当组织绩效处于上升状态时，员工收入在不断增加，激励作用很大；但当组织绩效下降或者遭遇困难时，员工会由于收入下降而产生不满，出现消极的工作态度甚至离职现象。

基于绩效的薪酬模式适宜于处于竞争环境中的组织和岗位。例如，消费品、家电、计算机、信息等行业和高层经营管理、市场销售、产品开发等岗位。

3. 基于能力的薪酬模式

基于能力的薪酬模式是依据员工所拥有的知识、技术和能力水平为员工支付薪酬的方式。实施能力薪酬模式，首先，需要构建切实可行的具备全面性、准确性、适应性和可行性特征的员工能力评价体系。即能够全面评价员工能力的各个方面，促进员工能力的全面发展；其能力模块和项目，能够准确地反映组织对员工的职业要求并符合组织发展的需要；其能力要求是目前组织和员工能够接受、可以实施的。其次，要设定员工能力的市场价值参照系。即通过薪酬调查设定员工能力市场价值的“标杆”。薪酬调查不但可以了解特定领域、特定职位或特定能力的外部薪酬水平，还能够掌握竞争对手的薪酬策略。最后，重视能力与绩效管理并举。按能力付酬的基本点，是基于有能力的员工可以履行职责创造效益的假设，按能力付酬实际上是对未来绩效的预付。

基于能力的薪酬模式具有下列优点：

①提升了员工的竞争力和发展潜力。按能力付酬激励员工变被动学习为自觉学习，变满足现状为不断创新，变专业化为一专多能，使员工在转换岗位、职位晋升以及职业发展等方面更具优势。

②有利于增强组织对人才的吸引力。按知识技能来支付报酬，充分考虑了劳动报酬与劳动力价值的一致性，确保组织薪酬的外部竞争力；同时，即使员工不能获得行政管理职务的提升，也能在专业领域内获得丰厚的待遇，这对于吸引高素质、高能力人才十分有利。

③增强了组织的灵活性和整体竞争力。员工能力的不断提升，使组织能够适应多变的环境，获取持续发展的机会。

基于能力的薪酬模式不足表现在：

①管理成本较高。因为准确界定和科学评价员工能力不是一件容易的事情，而设计和实施一个科学合理、适用的能力评价体系需耗费大量的人财物力，它还会导致培训成本的提高。

②高技能员工未必有高产出。如果组织不能够充分合理地管理和利用员工所拥有的技能，使其转换为组织效益，势必会出现高成本低效益的情况，组织在经济上是无法支撑的。

③容易导致不公平感。员工的不公平感主要来自于两个方面，一是能力评价的结果与实际有差距，二是从事相同工作的员工，由于能力不同而收入不同。

④可能出现重个人能力而忽略工作任务的情形，因为薪酬是与能力挂钩的。因此，基于能力的薪酬模式往往需要与其他薪酬模式结合使用。

基于能力的薪酬模式，对于那些能力需求高、知识性员工较多的行业和从事基础研究、产品研发和技术类岗位而言较为适宜。

4. 基于市场的薪酬模式

基于市场的薪酬模式是依据人力资源的市场价值和稀缺程度来确定薪酬水平的方式。在人力资源市场化配置环境形成后，人力资源就成为一种特殊商品，具有价值和使用价值，受市场供求规律的调节。员工的市场价值是相对于特定组织而言的，同一位员工，在某一组织看来市场价值高，而在另一组织内则可能毫无用处。因此，员工的薪酬既取决于他对于特定组织的相对价值，也取决于其供求关系。如果组织认为某位员工的相对价值大，或者这类员工在市场上较为短缺，则该员工的薪酬就会高于其他员工。我国就曾经出现过，市场非常短缺的高级蓝领工人的薪酬水平大大高于管理人员的工资水平的现象。这些组织采用的就是基于市场的薪酬模式。

采用基于市场的薪酬模式，需要满足以下两个条件：

①有准确的薪酬调查数据。该薪酬模式的依据是人力资源的市场价值和稀缺程度，而这两方面的数据都依赖于科学的薪酬调查。但目前薪酬调查有两个问题亟待解决：即调查结果的信度、效度与职位分类的标准化。如果不同组织的职位分类标准不统一，会导致同一职位的工作量和责任范围的差距很大，所得出的调查结果就不具备可比性。

②组织对岗位、职务管理较为规范。即使市场上有统一的标准的职位分类，但如果组织内部对岗位和职位划分不清、职责混乱，也无法进行比较。

基于市场的薪酬模式的优势为：

①具有外部竞争力。组织可以采用高于市场薪酬的策略来吸引和留住关键人

才。

②有利于节省人工成本。按照市场薪酬水平调整那些替代性强的岗位员工的薪酬水平，可以减少开支。

③较容易为员工接受，有利于降低员工对薪酬的不满意。

基于市场的薪酬模式的劣势表现在：

①对组织的经济实力要求较高。如果组织不具备较高的赢利水平和良好的发展能力，就难以支撑与市场接轨的员工薪酬。

②对市场薪酬数据的客观性和员工职业化素质提出较高的要求。只有具备一定职业化素质的员工，才能理解市场薪酬的含义及范围，才较易于认同市场薪酬水平，并能够按照市场薪酬导向转变自己的行为。

③不利于员工队伍的稳定。按市场价值付酬，一方面导致企业内部成员之间的薪酬差距加大，部分员工会感觉心理不平衡而考虑离职；另一方面，它引导员工流向薪酬更高的组织，有强化员工对职业的忠诚度和削弱员工对组织的忠诚度的负面作用。

基于市场的薪酬模式，较适宜在人才流动比较频繁、竞争性行业和组织核心岗位、可替代岗位采用。目前，许多组织对核心员工实行协议工资制，就是对这种薪酬模式的具体运用。

5. 基于年功的薪酬模式

基于年功的薪酬模式指以员工在组织内的服务年限长短为依据来确定员工薪酬。它建立在服务年限长的员工，有丰富的工作经验，因而会导致较高业绩的假设基础上。该种模式能够有效地补偿老员工对组织的贡献，有利于强化员工对组织的忠诚度，但容易导致故步自封和不思进取。因而，它仅仅作为其他薪酬系统的补充而存在，较适宜于在人员流动率低的组织中使用。

二、人力资源激励体系

人力资源激励体系是一个由货币奖励和非货币奖励构成的系统。货币奖励一般用于满足员工在经济利益方面的追求，非货币奖励则满足员工经济需求以外的其他需求。货币奖励主要表现为奖金，其形式可按多种标志分类；非货币奖励则有五种基本形式，它们是：社会强化激励、实物奖励、旅行奖励、象征性奖励、休假奖励。以下我们主要讨论货币奖励即奖金体系的设计。

（一）奖金体系结构

奖金又称为可变工资，是为了奖励那些已经实现或超额实现某些绩效标准的员工，或为了激励员工去完成某些预定的绩效目标，而在基本工资基础上支付的可变的、具有激励性的报酬。其支付的依据是绩效考核标准。其体系结构见表8—2。

表8—2 奖金体系结构

对超标准绩效的奖励：绩效工资计划，两种主要形式： 一次性奖金 个人特别绩效奖	对绩效目标的激励：激励工资计划，三种主要形式： 个人激励计划 团队激励计划 组织激励计划
对特殊人员的奖励： 高层管理人员奖励 技术研发人员奖励 销售人员奖励	不同时期的奖励： 短期奖励 长期奖励

奖金和绩效工资都是以业绩为依据，为什么还要设立奖金呢？主要原因有两条：一是绩效工资具有刚性，而奖金刚性较小。从员工的心理状态来看，较容易接受提薪，却难以接受降薪。当组织绩效下降时，而工资不能下降，最后会导致组织不堪重负。相反，奖金可以随绩效上升而提高，也可以随绩效下降而降低甚至被取消。二是绩效工资提升比例过小，一般不会超过9%。根本原因还是工资刚性的影响，即使在业绩提升相当快时，也不敢大幅度提高绩效工资。这样，绩效杰出的员工最高只能获得9%的提薪，而业绩平平的员工也可以获得提薪，不同绩效水平的员工之间难以拉开提薪的差距，因而不能对高绩效员工产生有效激励。因此，需要基数较大的奖金来弥补这个缺陷。

（二）个人奖励

个人奖励是将员工个人的工作业绩作为其奖金发放的依据。主要形式有：一次性奖金、个人特别绩效奖、个人激励计划等。

1. 一次性奖金

一次性奖金是指根据员工绩效考核结果给予一次性奖励。这部分奖励不会增加基本工资数额，以后每次奖励都以原来的基本工资额为基础。但是绩效工资则不同，每年的绩效工资额都会累加进入基本工资，而导致基本工资额越来越大。

一次性奖励有利于控制工资成本，它向员工传达的信息是：基本工资具有一定的稳定性，不会每年都增加；业绩非常好的员工，可以一次性地获得可观的收益。但是，它也存在鼓励员工重视短期绩效而忽视长期绩效的问题。实际操作中，往往将它与绩效工资结合使用：高层次绩效（如组织绩效）或者是需要长期激励才能获得的绩效，可用绩效工资；较低层次绩效（如个人绩效）或者短期绩效，则采用一次性奖金形式。

2. 个人特别绩效奖

个人特别绩效奖是一种针对个人特别优秀的业绩进行奖励的方式。其最突出的特点是具有极强的针对性和灵活性，它常常可以较大幅度地突破通常的奖励额度、奖励周期或支付对象的限制。它不仅对业绩优秀者本人有相当大的激励作用，而且会取得以点带面的效果。

通常，个人特别绩效奖在设计和实行上较为灵活和随意。但对于较大规模的组织而言，制度化和系统化的特别绩效奖往往效果更好。由于它不是临时性、随意性的，而是有制度保障的，在激励的长期性和有效性方面，有更为可靠的保障。在制度化、系统化个人绩效特别奖时，应把握好以下四个基本环节：

①科学确定特别绩效目标或标准。特别绩效标准是事先制定的，应该在绩效预测的基础上，将能力特别强、全身心投入工作的少数员工才能达到的绩效水平作为特别绩效标准。即确保特别绩效奖用于奖励那些绩效特别优异者。

②奖励方式和水平的确定。在奖励方式上，应选择最符合员工关键需求的形式。也可以确定一个额度和奖励菜单，由员工自主选择。奖励的水平既要让获奖者“心跳”，又是组织所能够承受的。如果奖励水平超出组织的经济承受能力而不能按时兑现，组织就会失去员工的信任。

③确保特别奖励的有效性。应该制定一整套关于特别奖励的评价、认定、复核、监督和调整程序，保证特别奖励的一致性、稳定性和公平性。员工的绩效考核通常由其直接上司完成，但特别绩效的认定，最好能够获得广大员工的认可。例如，可经其直接上司考核推荐，或者由员工民主推荐，再经专门的班子核定，同时坚持公示制度等，使业绩特别优秀者能够获得应有的奖励和发挥示范作用。如果实行过程中遇到新情况，也应该由制度来进行调整。

3. 个人激励计划

个人激励计划是激励员工为实现其绩效目标而运用的一种奖金支付方式。

（1）个人激励计划需要考虑的基本问题

首先，确定为什么要发奖金——绩效标准导向，可以划分为结果导向（生产率、销售额等）和行为导向（安全性、出勤率等）两大类。其次，确定应达到的目标——绩效标准水平，应该是员工通过努力可以达到的绩效。最后，激励方式方法的选择。个人激励计划的种类很多，如超工作量奖、年度奖、行为鼓励计划、推荐计划等，要按照激励的目标、对象来选择。

（2）超工作量奖

事先设定绩效标准，当员工超过该绩效标准时就进行奖励。其原理与计件工资相同。员工超过绩效标准的部分所得的单位奖金额，可以是相等的，也可以按超额绩效量分层确定，一般情况是超过的量越大，则单位奖金额越高。

（3）年度奖

年度奖又称年终奖，是根据年度考核结果来发放的奖金。发放年终奖的关键是确定奖励基数，即根据什么来计算员工应得的奖金。一些组织是基于个人的基本工资和业绩，而另一些组织则基于组织和团队业绩来计算。以员工个人基本工资为奖金计算基数的方法，虽然能够反映员工个人对组织的价值，但没有与组织整体业绩挂钩，员工个人奖金不能根据组织业绩进行浮动，也不利于组织进行成本控制。以组织或团队整体业绩为依据计算员工奖金的方法，有利于促进团队协作，但评价和计算都较为复杂。其主要步骤有五：一是根据组织整体业绩确定可以发放的奖金总额；二是依据各部门对组织贡献的差异，确定各部门的奖金系数和奖金数额。它建立在对部门贡献能力评价的基础上。贡献大的部门，奖金系数应该高于平均水平，反之，则应低于平均水平。然后，根据下列公式计算各部门的奖金数额。

$$\text{部门}\ i\ \text{的可发奖金}=\frac{\text{部门}\ i\ \text{的奖金系数}\times\text{部门}\ i\ \text{的人数}}{\sum_{j=1}^{n}\text{部门}\ j\ \text{的奖金系数}\times\text{部门}\ j\ \text{的人数}}\times\text{公司的总体奖金} \tag{8—1}$$

三是考核各部门的 KPI 指标是否达到绩效标准，如果部门绩效高于组织期望，则可发放奖金；反之，部门奖金就要被扣除。四是对部门内各位员工的贡献进行评价。可以用员工的职位评价点数为依据，也可以用员工基础工资为依据。五是确定每个员工的奖金数，再根据年度考核结果，确定实际发放数额。

（4）行为鼓励计划

行为鼓励计划是针对员工的某种具体的优良行为进行奖励的方式，适用于对某种行为要求较高的员工。如司机如果能够保证预定的时期内无事故，就可得到一定额度的奖金；或者保安的年度缺勤低于 1、2、3 天时，可得到数额不等的奖金。

（5）推荐计划

推荐计划是对那些为组织成功介绍了新客户或者推荐了优秀人才的员工进行奖励。当组织急需人才时，如果员工推荐了优秀人才来组织工作，且经过一段时间观察后符合组织要求，经用人部门认可后，则推荐者可获得奖金。

（三）团队奖励

团队奖励是针对团队绩效进行奖励的方式。它的激励对象群体，可以是一个团队、部门甚至是一个分公司，它关注的是群体绩效，目的在于促使员工实现群体绩效目标。团队奖励形式主要有部门奖励计划、收益分享计划、利润分享计划和风险收益计划。

1. 部门奖励计划

当部门成员在分工协作下达成班组或小团队绩效目标时，就可以获得组织对该部门的奖励。只完成部分目标或部分任务步骤，则不能得到任何奖励。当部门得到组织奖励后，还需要将奖金分配给员工个人。分配的办法有三种：平均分配、按贡献大小分配和以员工基本工资占该部门工资总额的比例进行分配。平均分配容易造成“吃大锅饭”的后果，按贡献大小分配需要准确评价个人贡献，且容易产生部门成员利益上的矛盾，按基本工资占部门工资总额比例的办法较容易被接受和实施。

2. 收益分享计划

收益分享计划是组织将员工参与管理而节省的成本或者提出建设性意见而带来的收益与员工分享的团队奖励方式。它又包括三种方式：斯坎伦计划、拉克计划和分享生产率计划。[①]

（1）斯坎伦计划

斯坎伦计划由美国联合钢铁工人工会官员约瑟夫·斯坎伦于 1937 年提出。它鼓励员工提出改进绩效或降低成本的建议，并设立一个专门的机构对这些建议进行分析、审查和鉴定，当该建议被采纳后并造成了节约成本的效果，节约的成本就作为奖金由全体员工分享。其操作的要点是计算斯坎伦比率，将实施员工建议后的斯坎伦比率与基准年该比例或预期目标进行比较，如果降低了，说明成本节约了，其节约部分则可由员工分享。斯坎伦计划的目的是调动员工参与管理的积极性，激励员工通过实现个人目标来实现团体目标，并最终分享参与管理所带来的成果，增强员工的凝聚力。

$$\text{斯坎伦比率}=\frac{\text{劳动力成本}}{\text{产品销售价值}} \tag{8—2}$$

$$\begin{aligned}\text{收益分享总额}=&(\text{基期或目标的斯坎伦比率}-\text{当期的斯坎伦比率})\\&\times\text{当期产品销售价值}\end{aligned} \tag{8—3}$$

---

① 文跃然. 薪酬管理原理［M］. 上海：复旦大学出版社，2004：198.

其中，劳动力成本即工资总额，产品销售价值为销售收入与存货价值之和。

(2) 拉克计划

拉克计划由艾伦．W. 拉克于1933年提出，基本原理类似于斯坎伦计划，只是计算奖金支付基准时采用的是拉克比率。

$$拉克比率=\frac{增加值}{计划参与人的雇用总成本} \tag{8—4}$$

$$增加值=净销售额-原料成本、购买供给和服务的成本 \tag{8—5}$$

$$收益分享总额=(当期拉克比率-基期或目标的拉克比率)\times 当期雇用成本 \tag{8—6}$$

其中，计划参与人的雇用总成本，包括员工的薪金、工资、工资税和边缘薪酬。

拉克计划不仅仅关注劳动成本节省，还关注整个生产成本的节约，拉克比率值越大说明组织的绩效越好。当然，斯坎伦计划和拉克计划都同样重视员工参与，并由专门的委员会来实施。

(3) 分享生产率计划

分享生产率计划又称提高分享计划，由米歇尔·费恩于1973年发明。该计划是根据生产单位产品的劳动时间（即劳动时间比率）来衡量生产力水平，其目的是激励员工用尽可能少的时间生产出尽可能多的产品。将当期的劳动时间比率与基期或者目标的劳动时间比率进行比较，如果当期的劳动时间比率低于基期或者目标的劳动时间比率，说明劳动生产率得到了提高，就可以将这一部分劳动生产率提高所带来的收益与员工分享。这种方式往往以周为单位向员工发放分享奖金。另外，它还有一个回购规定，即它规定了该计划下奖金发放的最高限额，一旦生产率提高所产生的奖金量超出这个限额，超出部分就由公司“回购”储存起来，如果这种超限额的储存积累得多了，说明生产率已经获得普遍的提高，则组织可以考虑提高原来的基期或目标值。

3. 利润分享计划

利润分享计划是将组织所获得的利润或者超额利润的一部分与员工分享，也就是将一部分利润作为奖金分配给员工，其目的是激励员工关注组织利润的实现，但也容易导致员工过度追求短期利润而忽略长期效益的倾向。许多组织常常结合其他关键指标的实现来最终确定分享的奖金。

利润分享计划有两种形式。一种是现金现付制，即每隔一段时间（季或年）将一定比例的利润作为奖金发放给员工，与现金分红相类似；另一种是延期支付制，即把奖励给员工的现金存在某一特定账户中，等员工退休或离职时再支付给他们。

利润分享计划的关键是确定利润分享的额度，即组织打算拿多大比例的利润来与员工分享。确定这一比例的方法有三种：

①固定比例法，即以组织获得的税前或税后总体利润为基数，从中提取一个固定的比例（例如5%）数额来奖励员工。

②超额利润法，即组织规定一个利润标准以确保投资者利益，将超过该标准的利润在组织与员工之间进行分配。例如，规定利润标准为500万元，如果实际利润为600万元，则超过部分（100万）可按6∶4的比例在组织与员工之间分成。

③利润界限法，即规定利润的下限与上限，利润下限是为了保证投资者利益，利润上限以上的利润被认为是组织整体优势所带来的，只有处于下限和上限之间的利润才能与员工分享。例如，某组织规定利润下限为500万元，利润上限为700万元。如果实际利润为750万元，则员工只能与组织分享700－500＝200万元的利润。

④比例递增法。即规定若干个利润段，在每个利润段采用累进分享比例。例如，规定利润在300万元以内分享比例为5%，300万～400万元利润段分享比例为8%，而400万～500万元利润段分享比例为9%，500万元以上利润段为15%。

4. 风险收益计划

风险收益计划是一种组织与员工共同分担风险的激励计划。即当组织业绩不好时，员工只能拿到原工资的一部分，例如80%；而经过大家努力，组织业绩转好的时候，则可视获得业绩的水平，向员工发放高于原工资的薪酬，例如140%。这样，员工分担了组织的部分风险，强调了组织与员工之间的合作、交流与参与。

（四）组织奖励

组织奖励是将组织的整体业绩作为奖金发放的依据。其实组织奖励与团队奖励的界限已经不是很清楚，都是针对员工群体的，只是组织奖励的员工群体更大一些。因此，团队奖励中的收益分享计划、利润分享计划等，也适用于组织奖励。另外，在组织奖励中，还常常采用长期的激励计划，如员工持股、股票分享计划等方式。

1. 组织奖励实施程序

组织奖励的实施程序通常有三步：

①确定组织的利润目标及奖励的基数。只有当实际利润超出利润目标时，才能够进行奖励。可根据实际情况确定一个利润百分比作为奖励基数。例如，某组织的利润目标为6 000万元，并规定完成利润目标后，可将利润的10%用于奖励。如果

实际利润正好是6 000万元，则组织的奖励基数为600万元。

②确定关键业绩指标和奖金的发放额度。在传统的管理中，组织业绩是由财务指标来反映的。但财务指标只能反映组织短期的最终经济成果，而不能完全反映组织战略上的成功和长期的业绩发展潜力。因此，现在许多组织都运用平衡计分卡等综合评价体系来进行业绩评价。但是，综合业绩评价体系内的指标往往多达几十个，如果将所有指标都作为组织奖励的依据，容易造成组织资源的分散。因此，有必要从中提取少数几个关键业绩指标，例如，销售计划完成率、安全事故控制率、优质产品率等作为组织奖励的依据。奖金的发放额度则根据上述关键业绩指标的完成程度来确定。如果实际业绩远远超出组织的期望（S等），则员工可获奖励基数的全部；如果刚刚超出组织期望（A等），则员工可获奖励基数的80%。

③确定奖励的对象与分配方式。组织奖励的对象是参与组织奖励计划并对组织整体业绩产生直接影响的员工，他们往往是组织的中高层管理人员和核心技术人员或业务人员。由于组织整体业绩获得过程中，参与奖励计划的员工存在贡献上的差异，在奖金发放时应该体现这些差异。因此，在奖金总量既定的情况下，组织可采用自己认为合适的分配方式。它们通常有四种：

第一种：根据参与人员的职位评价点数进行分配。

$$\text{人员 A 应获得的奖金}=\frac{\text{奖金总额}}{\text{参与人员的总的职位评价点值}}\times \text{A 所在职位的职位评价点值} \qquad (8—7)$$

第二种：根据参与人员的基础工资来分配。

$$\text{人员 A 应获得的奖金}=\frac{\text{奖金总额}}{\text{参与人员的基础工资总额}}\times \text{A 的基础工资} \qquad (8—8)$$

第三种：根据参与人员的职位等级来分配。先划分职位等级，为每个等级确定分配比例；求出人均奖金额；最后用人均奖金额乘上员工所在职位等级的分配比例，即可计算出每位员工应获得的奖金数。

$$\text{人员 A 应获得的奖金}=\frac{\text{奖金总额}}{\text{参与人员职位等级分配比例总额}}\times \text{A 的职位等级分配比例} \qquad (8—9)$$

第四种：根据参与人员的绩效水平进行分配。例如，参与人员的绩效水平分布于S、A、B、C、D五个等级，其分配的相对比例可为平均奖的180%、130%、100%、70%和20%。

2. 员工持股计划

员工持股计划是指组织内部员工认购本组织部分股权，委托专门机构（如员工持股会）集中管理运作，作为社团法人进入董事会参与持股分红的新型股权形式，它是让员工分享自己的劳动果实，参与组织内部管理的一种重要的激励手段。

员工持股计划有四个特征：首先，持股人或认购者必须是本组织内的员工。如果员工离职，其股份由组织回购，转为为新员工准备的“预留股份”。其次，员工所认购的本组织股份不能转让、交易或继承；再次，内部员工持股不印制股票，只发行股权证或建立股东花名册；最后，进行二次利润分配。即先由员工持股会或职代会等以社团法人的名义参与组织利润分配，再按员工个人持股数额进行二次利润分配。

员工持股股份由四种方式形成：一是员工以现金认购股份；二是通过员工持股专项贷款资金认购股份；三是组织将历年累计的公益金转化为员工股份；四是奖励股份转成员工持股。作为组织奖励的一种形式，员工持股往往是由组织把一部分股份或可以购买同量股票的现金交由员工持股会进行管理，其数量一般不超过员工个人年报酬总量的15%，待员工退休或不再工作时再发给他们。

员工持股计划为员工提供积累资产的工具，使员工成为永不失业的员工；它让员工与组织成为一个利益整体，更关心组织利润的增加；它激励员工改善劳动态度和行为方式，自觉遵守纪律，减少浪费和提高劳动生产率；它通过员工的努力实现股票价格的上涨，使组织和员工手中的股票增值，从而使组织获得超常发展。有调查表明，实行员工持股计划的组织与同类组织相比，劳动生产率高1/3，平均利润率高5%，平均工资高25%～60%。员工持股计划被认为是带动硅谷高速成长的发动机。

3. 股票分享计划

股票分享计划是指组织在特定时间内直接给员工授予组织的股票。这种奖励方式被认为能提高员工的组织承诺度和保留优秀员工。

实施股票分享计划，首先，应确定股票授予的覆盖范围。员工素质越高，股票授予的覆盖范围越大。有的高科技公司，股票分享范围覆盖了全体员工；而劳动密集型生产企业，只有业绩非常突出的员工才能分享股票。其次，应控制员工套现的时间。要考虑长期激励与短期激励的不同特点，套现期可以设计为几个层次，即既有长期的，也有短期的和可以立即套现的。对于组织希望留住的员工，其套现期可以设计得稍长一些。

三、特殊人力资源供给者薪酬激励

（一）高层领导和管理人员的奖励

组织的高层领导和管理人员，指组织中的高层领导班子成员、高级经理人员等业务管理人员。例如：首席执行官（CEO）、首席财务官（CFO）、总经理、内部董事等。他们处于组织结构的高端，接受组织所有者的委托行使代理管理组织的职责，也由委托方进行监督和奖励。在国有组织中，他们的行为还接受员工的监督。鉴于他们的地位重要，其薪酬与奖励都大大高于一般员工。对他们的奖励方式，主要包括一次性绩效奖金、短期奖励、长期奖励、高层管理人员的“金色降落伞”及特权奖励。

1. 一次性绩效奖金

一次性绩效奖金是用来奖励高层人员实现具体和特殊目标的奖金形式，通常这些奖励计划要通过组织的薪酬委员会提交董事会批准。有三种形式：第一种是非固定奖励，即董事会对组织利润、财务、业务和未来前景进行考核，如果达到预定目标，就为高层人员发放非固定奖金。第二种是活动绩效奖金，即通过对高层人员进行全面、系统的绩效评价，达到绩效目标者，可享受奖金。第三种是预定分配奖金，即根据高层人员绩效等级，按照预定的奖金总额度和计算公式来计算的奖金。

2. 短期奖励

短期奖励是指高层人员参与组织的各种年度分红和分享计划。近年来，短期奖励占高层人员基本薪酬的比例在不断上升。20 世纪 70 年代，高级经理人员的基本薪酬、短期奖励和长期奖励的比例为 60∶25∶15，而 20 年后，该比例变化为 27∶43∶30。这个趋势表明，组织更关注高层人员创造价值的大小，使高层更具有主人翁意识。

3. 长期奖励

对高层人员的长期奖励大都与股票相关，兑现期在一年以上。其目的是激励高层人员关注组织的长期持续发展，同时也为了留住那些组织认为的核心人才。高层长期奖励方案的设计与推行，由董事会下的薪酬委员会或专门机构完成。在西方发达国家，长期奖励已经较为完善（见表 8—3）。

表 8—3　　西方国家对高级经理人员的长期奖励方案①

长期奖励方案	描　述
非法定股票期权	可以在一定期限内以事先确定的行权价格购买股票期权
激励性股票期权	符合美国税法某些条款要求的股票期权
附加期权	以股份来行使期权时，获得与此股份数量相等的附加期权
股票增值权	员工无须购买公司股票即可获得自公司股票授予之日后的股票增值，以现金或股票支付
限制性股票	直接的股票奖励，通常在员工完成了规定的服务期限后授予股票
业绩单位/股票	根据考核期内业绩目标的实现情况向员工支付现金或股份
虚拟股票	是业绩单位，而不是真正的股票，其价值取决于公司股票价值的升值，并按预定的时间支付

股票期权是高层人员长期激励计划中最主要、最常用的方案，被称为“金手铐”。股票期权是组织允许经营业绩达到一定要求的高层人员，在约定时期内以某一预先确定的价格购买或奖励适当数量组织股份的权利。股票期权有下列特点：第一，股票期权要在授予期结束后才能执行。股票期权的执行又称行权，指其持有者在授予期后他认为股票价格合适时，以市场价格出售手中的股票而获得差价利润。第二，股票期权不可转让，却可以继承。即除非出现股票期权持有者死亡、完全丧失行为能力的情况，任何人都无权代替其本人执行期权。第三，股票期权的有效期由法律规定。股票期权过期就失效。如果员工对组织前景十分看好，可用现金按期权执行价格购买组织股票，即将股票期权转为股票，便可无限期持有。第四，组织的薪酬委员会有权缩短员工持有股票期权的授予时间。如果员工在获得股票期权后，表现不好或者业绩不良，其股票期权授予期就可能被缩短，即他将被减少授予股票期权的数量。

股票期权所带来的好处是：激励员工更多地关注组织的持续发展，有利于稳定骨干员工队伍，有利于强化创新意识、增强企业的凝聚力，还有利于降低企业经营成本，防止腐败，有利于增强员工责任心，促进企业稳健经营。其不完善之处表现在：可能会导致员工片面追求股票升值收益的不当行为；单纯以经营业绩来衡量员工，有时会掩盖真实情况；如何进行绩效考核无切实可行方案。在我国现阶段，证券市场不完善，CEO 的决策经常受到来自各方面的干扰，没有正规的操作规程，

① 文跃然. 薪酬管理原理［M］. 上海：复旦大学出版社，2004：208.

税收、法律制度也不完善，使股票期权具有一定风险：在行权未售股时股价跌至行权价以下时，期权持有人就会蒙受行权时的纳税和股价低于行权价的双重损失。

我国最早实行股票期权制度的国有企业是上海仪电控股（集团）公司（1997年），随后上海、武汉、北京、深圳等市出台了对国有企业经营者实行股票期权制度的办法。从国外的经验看，股票期权较为适用于高科技人才集中的企业。

4.“金色降落伞”

美国的大多数经理人员的聘任合同中都有“金色降落伞”条款，它规定当高层人员因为公司所有权变更或公司被接管、收购而停止任职时，仍可获得公司为其提供的工资和福利。这一条款的目的是降低高层人员的职业风险，让他们全身心地投入自己的工作。同时，美国税法规定，公司提供给高层员工的“金色降落伞”在一定数量下可以免税，这一数量是其金额不得高于该高层人员此前5年平均年薪的3倍。

5. 特权奖励

高层人员作为组织的核心成员，可以享受许多特权。这些特权也会对高层产生极大的激励作用。其形式主要有：体检、交通用车、金融咨询、乘头等舱外出旅行、乡村俱乐部会员资格、个人资产管理、个人伤残保险、专用司机、预留停车位、携配偶外出旅行、专用餐厅、家庭保险计划、低息或无息贷款、法律咨询等等。

（二）技术骨干人员的奖励

技术骨干人员指受过科研或某种专业训练的知识型员工，一般具有下列特点：主要从事脑力工作，用其知识和专业技术为组织做贡献；工作具有团队性，或以项目的形式出现；工作过程难以直接监督，短期业绩较难评价；用于管理工作的时间一般不超过其全部工作时间的20%。在知识经济条件下，知识创新成为组织竞争力的源泉。因此，对技术骨干的奖励，一方面要区分其知识水平和业绩贡献，另一方面要考虑鼓励其继续学习的需要。对他们的奖励一般有三大类：即经济奖励、职业发展和精神奖励。

1. 经济奖励

技术骨干人员的经济奖励形式与其他员工相同，但奖励的依据却有差别。奖励技术骨干人员的依据一般为知识技能水平、绩效水平和学习创新能力。他们的知识技能水平可以通过专家评审、专业协会认定、组织内部考核来确认。其绩效水平则可由他们承担的技术项目完成情况、论文发表等级与数量、专利发明等方面来反映，有的组织也通过“成熟曲线”来判断。成熟曲线是表示技术人员在获得某种等级的技术认证后为组织工作的年限与其薪酬水平关系的曲线（见图 8—1）。他们的学习和创新能力可通过他们知识更新的速度或者专业技术等级的提升来反映。

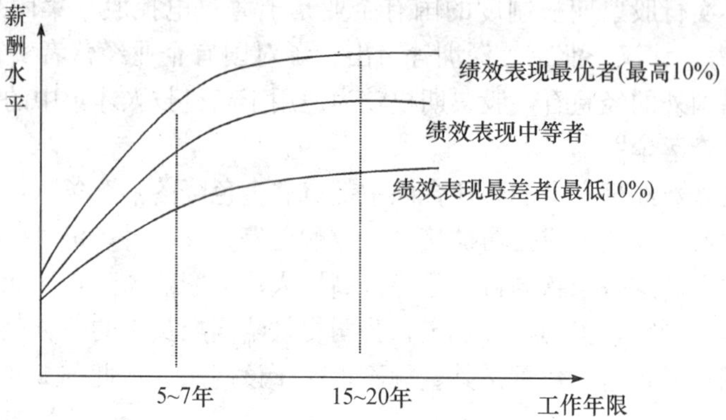

图 8—1　成熟曲线①

2. **职业发展**

从成熟曲线可以看出，技术人员在获得某专业技术等级的 5～7 年内，能够较好地发展自己的专业特长，其薪酬上涨非常快。7 年后已上升到该技术等级的最高处，其薪酬上升的速度逐步放慢甚至停止。这时，如果他们能够继续学习，再上升一个技术等级，这条曲线又会再现。一位专业技术人员不停地从低等级向高等级晋升，就形成了他的职业发展通道。为了更好地鼓励专业技术人员的职业发展，许多组织设置了双重甚至多重职业通道，即他们的知识技能水平达到一定程度时，既可以通过行政管理、也可以通过专业技术领域的职位往上升。这样，专业技术人员不必一定走行政职务晋升的道路，而是可以在自己擅长的专业技术领域获得更大的发展空间和高额的回报。

3. **精神奖励**

对技术骨干的精神奖励，可依具体情况选用不同的方式。例如，为其设置有一定难度的目标，激发起他的创造欲望（目标激励）；让他们负责某项目的工作，并授予必要的权力，激发其工作主动性和责任心（授权激励）；为他们提供轻松的、富有浓厚学习氛围的工作环境，充分激发其创造潜力（环境激励）；还有竞争、信任、赞美、情感、成就等激励，都可视为对他们特别的奖励方式。

① 文跃然．薪酬管理原理［M］．上海：复旦大学出版社，2004：29.

（三）销售人员的奖励

销售人员位于组织市场的最前端，直接与客户打交道，为组织获得销售收入。具有工作灵活性（工作时间、方式、场所灵活，工作过程不易监督）、业绩实现有较大的风险性和工作环境复杂多变性等特点。

对销售人员绩效考核所关注的焦点，通常有六个方面：即销售量、销售收入、回款率、市场份额、利润和客户满意度。销售量简单易算，能消除价格变动对销售人员业绩的影响，是销售人员绩效考核的最基本的指标。销售收入直接体现销售业绩的财务成果，能消除由于产品差异带来的影响。但如果业绩目标确定后，产品价格上涨或下降，就会导致组织对业绩目标的调整而增加成本。市场份额反映了本组织产品在市场中的地位，但对于市场份额的准确衡量和计算有一定难度。利润通常用于评价整个组织或者较大区域的销售业绩，往往很难落实到个人。但利润不仅要求销售额达标，还对销售成本也提出了要求。它能够促使销售人员尽可能地控制销售成本来增加利润。回款率是目前考核的一个重点，它关系到组织资金周转是否畅通的问题。如果产品卖出去了，而资金却没有回流，组织就无法继续运转。客户满意度指标反映了销售人员的服务质量，是客户导向的组织特别关注的，对于那些需要较多回头客的组织而言，这一指标具有非同寻常的意义。许多组织设有“客户调查计划”和“客户热线”，能够随时与客户进行沟通并了解其销售人员的服务质量。

销售人员的薪酬一般由三个部分构成：基薪、佣金和奖金。基薪是数额固定的薪酬收入，每月按时领取；佣金则是按销售额的一定百分比的销售提成，佣金比率取决于产品价格、销售量和销售的难度；奖金是对超出规定销售业绩的那部分工作的奖励，用来奖励销售人员常规工作以外的付出。上述三种薪酬方式，往往被组合采用。

1. 纯基薪计划

纯基薪计划就是按月给销售人员发放数额固定的基本工资。该种方式具有简单易行，提供可预知的、稳定的收入，在一定程度上可使销售人员为客户提供耐心服务的优点，但缺乏激励性，也限制了薪酬的可变性。它可在下列情况下选用：高技术含量的产品销售（需为客户提供特别服务，销售人员成为各部门的协调人）、销售周期较长、销售额巨大的产品销售（飞机、海轮等）、销售宣传、市场多变难以预测、进入新环境销售。

2. 纯佣金计划

纯佣金计划是基于销售人员的实际业绩，并将按照一定的标准（比率）支付的佣金（提成）作为销售人员报酬的全部。纯佣金计划具有高风险性导致的高激励性，能激发销售人员更努力地开拓市场，有优胜劣汰的作用，还能降低对销售人员的监控成本。但它让销售人员缺少安全感而影响销售队伍的稳定，着眼于短期利益，忽视长期市场的维护和销售人员个人发展。它可在下列情况下选用：销售人员流动性很高、产品销售期较短、能在短期内对销售人员业绩进行精确计量、销售绩效能由销售人员掌控。

3. 基薪＋佣金计划

基薪＋佣金计划是一种折中纯基薪计划和纯佣金计划的支付计划，其目的是将保障性和风险性相结合。其中的基薪部分被认为是组织为销售人员的知识、技能、经验及其他客户服务素质支付的报酬，为销售人员提供了收入保障、安全感和归属感；而佣金部分则是将实现的销售业绩与个人分享，为他们提供获得收入突破的可能和机会。这里，基薪和佣金所占比重应该根据组织销售目标、市场状况、产品周期、销售人员特征等综合考虑。其优点为：既为员工提供收入保障，又具有风险激励作用；较为灵活，有利于加强与员工的沟通；促使销售人员在多方面获得业绩发展。存在的不足是：计量和管理较复杂，可能冲淡最重要结果的关注，薪酬支付成本比纯佣金计划高。此种组合较适合于在下列情况下应用：销售人员的劳动力市场对组织有一定的基本薪酬要求（准入工资）；销售人员可控的因素较少或市场不景气；组织对销售人员有一定控制力，可以对销售人员提出某些非销售行为如市场调研等要求。

4. 基薪＋奖金计划

基薪＋奖金计划是将纯基薪计划和奖金计划结合起来的支付计划，其目的是对销售人员的保障与激励相结合。奖金作为激励性报酬，与事先确定的业绩密切相关，如果不能达到或超过预定的绩效标准，则不能获得奖金；绩效目标越高，则奖励的比率也越高。它与基薪＋佣金计划的不同点有两个：一是构成成分不同，奖金由事先规定的绩效目标导向，而佣金则无目标导向，做多少就提成多少；二是可变部分比例不同，佣金的提成比率是基于销售业绩（销售量或销售额）确定的，而奖金比率则不仅考虑销售业绩，还要考虑其目标定额在销售收入中所占的比重。该种方式的优点是：可通过设立目标平衡不同地区间或其他差异的影响，可以综合考查销售人员全面的表现和成绩，可根据实现的目标来控制可变薪酬的额度，有利于成本核算。不足在于：对目标管理能力提出较高要求，实施较为复杂，可能会造成过多强调销售人员的行为而未突出业绩结果。它适合于在下列情况下运用：组织的薪酬计划变动较为困难，销售人员的市场影响力和自主性较低，组织需要向销售人员提出除销售业绩以外的其他要求。

5. 基薪+奖金+佣金计划

基薪+奖金+佣金计划又称混合计划，即支付计划中包括了基薪、奖金和佣金三个构成部分。它具有可调控的变量多，使用时较为灵活的优点，但也存在管理和运用相对复杂、增加管理成本的缺点。薪酬管理能力不是很强的组织要慎重选用。

四、福利激励方案

在企业向员工提供的整体薪酬中，福利已经成为越来越重要的组成部分。对于企业来说，一个完善的员工福利计划，可以成为企业吸引并留住人才的重要手段。因此，如何设计员工福利计划，实现福利效用最大化，已成为现代企业非常关心的一个问题。由于福利计划涵盖的内容非常多，这里我们重点介绍弹性福利计划和养老金计划。

（一）弹性福利计划

弹性福利计划（flexible benefit plan）又称为自选计划，它是一种有别于传统固定式福利的新型福利制度，它强调员工根据自己的需要，从那些有一定雇主缴费基础的不同类型和水平的福利项目中进行选择，建立起自己的一揽子福利计划。在弹性福利下，每位员工将根据其工资、绩效、服务年限、婚姻状况等，获得一定数量的福利额度。员工在此额度内，根据自己的偏好选择福利项目。如果员工的消费超出了分配额度，则需自己出钱负担超出部分，相应金额从工资内扣除。

弹性福利计划是由企业自主设计和实施的，有很多种类型。[①] 最常见的弹性福利计划就是“自助餐”计划。在该计划下，每位员工都可以获得一个福利限额，企业会提供包括医疗保险、生命保险、休假等一系列福利项目，每个福利项目都被明码标价，员工可以在福利限额内，根据自己的实际需要自由选择福利项目。当然，不同的福利的费用是不一样的。另一个常见的弹性福利计划类型是缴费变换计划，即允许员工通过税前减薪方式向雇主出资的健康计划或其他福利计划缴费。由于采用了税前减薪方式，所以它能减少员工应纳税的薪水数额。弹性支用账户是另一种比较特殊的弹性福利计划。员工每年可从其税前总收入中拨取一定数额的款项作为自己的“支用账户”，并以此账户去选择购买雇主所提供的各种福利措施。拨入支用账户的金额不需扣缴所得税，不过账户中的金额如未能于年度内用完，余额就归

---

① 杰尔·S. 罗森布鲁姆．员工福利手册［M］．杨燕绥，王瑶平，译．北京：清华大学出版社，2007：595～597

公司所有，既不可在下一个年度中并用，亦不能够以现金的方式发放。① 除了上述三种最基本的弹性福利计划类型之外，还有组合计划、福利套餐型计划、积分型计划等。但是，各种形式福利计划的基本思想都是向员工提供一笔数量固定且可以花在一系列福利项目上的福利费。

与特定福利计划相比，弹性福利计划的主要优点是，企业能够以既定的开支为员工提供最大的价值。在同样的成本条件下，员工选择什么样的福利组合，一般对企业来说没有什么大的影响。但是，各个福利计划对员工的价值却不同，员工的偏好不同，面临的无差异曲线也不同，如年轻员工可能偏好于培训计划，中年员工可能偏好于儿童保健计划，而老年员工偏好于医疗保健计划。通过赋予员工福利选择的权利，可以使企业在既定的支出下实现为员工提供价值的最大化。

正是由于弹性福利计划可以为员工提供最大的价值，而且某些福利计划可能对某种类型的员工有独特的吸引力，如企业提供儿童保健计划，将吸引那些已有孩子的求职者来公司求职，如果企业认为已有孩子的员工的生产率更高，那么该计划就对企业的员工搜寻产生了积极的作用，即特定的福利计划能帮助企业吸引到它想要的员工。而且自选计划中各类福利的价格是由企业公布的，并由企业来进行选择的，在操作上，企业就有可能向那些它认为生产率高的员工支付更多的报酬，如降低某项福利的价格来吸引它想要的员工。但是，也有人认为弹性福利计划具有过于广泛的适应性，会妨碍企业招揽其想要的员工。对该观点的一个重要的解释就是逆向选择，逆向选择问题的存在会使企业付出昂贵的成本。例如，家庭健康计划会吸引那些家庭成员患有重病的人来企业求职，其对健康保险的过度使用必然造成企业的成本增加。事实上，只要企业在福利价格的索取上保持着某种弹性，特定类型的员工就可能会被鼓励或被限制在企业中工作。

（二）养老金计划

在许多企业中，福利的最大支出部分为养老金计划。特定的养老金方案对企业大多数劳动力的退休行为、工作时间、努力程度、流动率都会产生显著的影响。

养老金计划有两种基本的类型：缴费确定制（defined contribution）和给付确定制（defined benefit）。缴费确定制下，缴费比例是预先确定的，由雇主和雇员分担或只由雇主缴费，计入雇员的个人账户。根据员工的选择，或者有时是在雇主或其他组织如工会的支配下，账户中的钱被投资于某类生息债券。当员工退休时，根

① Inside Insurance：Flexible Benefits［EB/OL］. http：// www. professionaldoordealer. com/articles/5c1insur. html.

据个人账户上历年的缴费及资金的积累情况（包括付款加累积的资本收益利息或分红）领取养老金。

与缴费确定制相比，给付确定制显得更加复杂和多样化。在给付确定制下，无论基金中的数额有多大，员工都将得到确定的收益。雇主负责补充基金所有的不足，也同时获得基金所有的收益。员工所得到的年金报酬取决于退休前员工的收入水平和就业年限。

给付确定制分配的公式有两种类型。第一种叫模式计划（pattern plan），它所涵盖的范围包括大多数的蓝领工人尤其是工会会员。计算方法为：年度养老金＝B×退休时的服务年限，其中B代表某个特定的金额，通常取决于工会谈判。第二种主要适用于白领员工，称为传统（conventional）或者常规（formal）计划。这种方案将年金所得和最终年薪以及服务年限联系在一起，计算方法为：年度养老金＝g×服务年限×平均最终薪金，g为一个比例，平均最终薪金是指员工工作的最后几年薪金的平均值。该计划把养老金福利和最终年薪联系在一起，它将随着通货膨胀作自动的调整，如果价格和工资由于通货膨胀而上升的话，最终的薪金也会得到提高，进而生活成本的提高也会体现在养老金福利当中。另外，将养老金和最终年薪挂钩会激励员工在最后的几年内更努力地工作，如果这种激励过于强劲，将导致无效率的行为。

养老金的类型、授予的方式和是否具有可转移性都会影响到员工流动率。首先，在确定给付制下，由于给付标准确定，员工退休前服务年限越长，则他在退休后领取的养老金越多。但是，工作时间越长，可以享受退休金的年数越短，而领取的养老金总额是领取的年数和每年领取金额的乘积。而且如果员工刚开始工作就辞职，那么他得到的养老金为零，但是如果他一直工作到去世，那么得到的养老金也为零。因此，随着工作时间的增长，可领取的退休金总额与退休年龄呈倒U形变化，如图8—2a所示。但对缴费确定制而言，是不可能出现倒U形的。缴费确定制的预期现值必然随着退休年龄而不断上升，如图8—2b所示。产生这种差异的原因在于：在缴费确定制的情况下，预期的养老金报酬并不取决于一个人还能活多少年，账户里积累的金额都属于他个人，其工作的时间越长，基金的预期现值就越多。由于缴费确定制的养老金累积值往往是正数，而给付确定制的累积值是负数。弗里德伯格和韦伯（Leora Friedberg & Anthony Webb）研究认为缴费确定制的养老金使得员工比给付确定制下平均晚退休 2 年。①

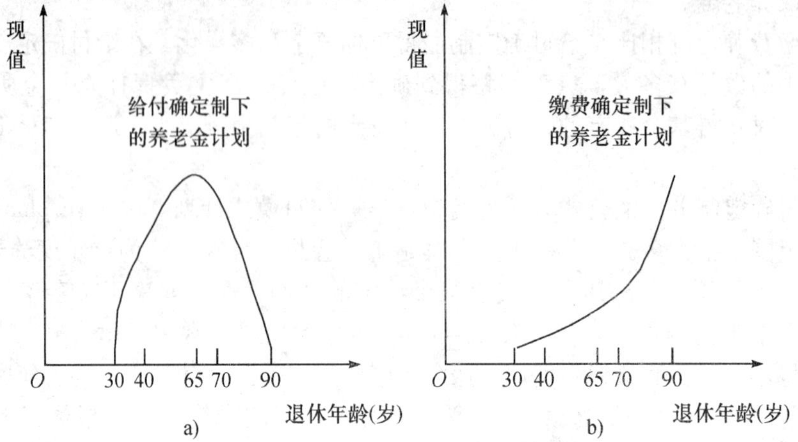

图 8—2　养老金福利的预期现值②

其次，养老金并非是一经积累就为员工所有的，只有其为企业工作了一定年限之后，才被授予该权利，如果员工在福利可授予之前离开企业的话，那么他将得不到任何福利。假定企业规定福利可授予期限为 N 年，如果在 N 年之内员工离职的话，他将得不到任何养老金福利，工作满 N 年之后，他将得到 x 数额的养老金，此时他可以选择离开该企业，或者继续在该企业工作，当然此时养老金会随服务年限而递增，如图 8—3a 所示。因此，可以得出，在刚开始的几年，养老金积累的较少、离职的成本较低，此时的离职率会比较高；过一段时间之后，随着养老金的积累，离职率开始下降，越接近 N 年，离职率越低，在靠近 N 年的时候，离职率接近零，因为此时员工即将得到一笔养老金；N 年之后，离职率又开始上升，因为员工已经得到了一笔养老金，如果此时有更好的外部机会，选择离职当然是最优决策，如图 8—3b 所示。

影响员工流动率的另外一个因素是养老金的可转移性，如果养老金具备完全的可转移性，则其价值不会随雇主的变化而变化，可转移性保证了员工在受雇于不同

① Leora Friedberg，Anthony Webb. Retirement and the Evolution of Pension Structure [J]. Journal of Human Resources，2005，40 (2)：281－308.

② 爱德华·拉齐尔. 人事管理经济学 [M]. 刘昕译. 北京：三联书店、北京大学出版社，2000.

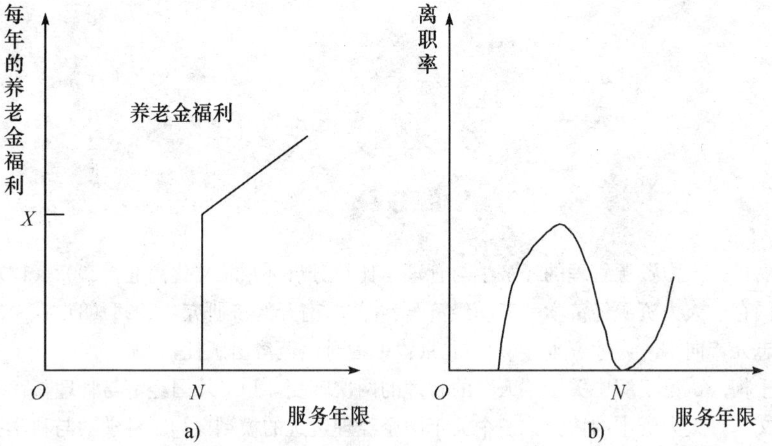

图 8—3 养老金授予权与离职率①

的雇主时其享受养老保险的资格不受影响。一项不可转移的养老金计划通常会惩罚那些在职业生涯早期离职的员工，从而会降低流动率。我国目前的社会保险中养老保险和企业年金都不具有可转移性，其会在一定程度上影响劳动力流动。

就养老金的风险而言，给付确定制明确了每个员工将得到的养老金数量，这看起来消除了风险。但事实上，保证员工的养老金支付只是意味着企业承担了风险。给付确定制将风险从员工身上转移到了企业。而缴费确定制则是把风险从企业转移到了员工身上，在该模式下，员工得到的养老金数量取决于证券市场的最终价值。事实上，尽管给付确定制的模式方法从表面上看起来无风险，但实际上很可能对员工造成很大的风险。因为对员工产生重要影响的是实际养老金收入，而不是名义收入，在通货膨胀期间给付确定制所确定的养老金价值将会快速下降；而确定制却能通过证券市场运营，降低通货膨胀的风险。从风险的角度来看，要实现效用最大化，在选择养老金方案时应当力图将风险转嫁给风险厌恶程度最低的那一方。在多数情况下，企业的风险承担能力要比单个员工强。

① 爱德华·拉齐尔．人事管理经济学［M］．刘昕译．北京：三联书店、北京大学出版社，2000：410.

参考文献

1. 管丽华. 人力资源管理的经济学与管理学比较分析［J］. 文化商业，2002（12）.

2. 吴国存. 人力资源经济学＝劳动经济学？［J］. 南开经济研究，1998（8）.

3. 张忠元，向洪. 人才资本［M］. 北京：中国时代经济出版社，2002.

4. 颜士梅. 试论组织中关于“人”的管理的两次转变［J］. 外国经济与管理，2002（6）.

5. 缪文卿. 人力资本的博弈：一个关于国企经理遴选的模型［J］. 科学学与科学技术管理，2007（1）.

6. 富英俊. 经济学视角下的人力资源管理［J］. 哈尔滨商业大学学报（社会科学版），2009（3）.

7. 万永彬. 从经济学视角看人力资源管理程式化的误区［J］. 河南教育学院学报（哲学社会科学版），2008（5）.

8. 董志强，蒲勇健. 人事管理经济学：一个述评［J］. 商业研究，2004（4）.

9. 蔡昉等著. 中国劳动力市场转型与发育［M］. 北京：商务印书馆，2005.

10. 加里·德斯勒，曾湘泉主编. 人力资源管理（第10版·中国版）［M］. 北京：中国人民大学出版社，2007.

11. 何亦名，张炳申. 国外搜寻理论研究述评［J］. 外国经济与管理，2006（2）.

12. 李健民. 中国劳动力市场多重分隔及其对劳动力供求的影响［J］，中国人口科学，2002（2）.

13. 陆铭著. 劳动经济学——当代经济体制的视角［M］. 上海：复旦大学出版社，2002.

14. 大卫·桑普斯福特，泽弗里斯·桑纳托斯著. 劳动力市场经济学［M］. 王询译. 北京：中国税务出版社，2005.

15. 迟巍编著. 人力资源经济学［M］. 北京：清华大学出版社，2007.

16. 董克用，刘昕编著. 劳动经济学［M］. 北京：中国人民大学出版社，2010.

17. 爱德华·拉泽尔著. 人事管理经济学［M］. 刘昕等译. 北京：北京大学出版社，2000.

18. 葛玉辉主编. 人力资本原理——基于经济与管理相结合的视角［M］. 北京：经济管理出版社，2010.

19. 边文霞著. 保险欺诈博弈研究［M］. 北京：首都经济贸易大学出版社，2008.

20. 芮明杰，郭玉林，孙琳著. 智力资本收益分配论［M］. 北京：经济管理出版社，2006.

21. 岳颖著. 事业单位薪酬管理——内部收入分配的决定基础与模式选择［M］. 北京：中

国劳动社会保障出版社，2009.

22. 孙宗虎，宗立娟编著．薪酬体系设计实务手册［M］．北京：人民邮电出版社，2009.

23. 孙继伟，巫景飞．论管理学界的研究方法迷失——实践迷失、客户迷失、价值迷失的继续研究［J］．管理学报，2011（2）.

24. 肖世明．经济学与管理学研究方法比较［J］．亚太经济，2004（4）.

25. 蔡巍，姜定维，水藏玺著．薪酬的真相［M］．北京：中华工商联合出版社，2011.

26. 奥利弗·E．威廉姆森著．资本主义经济制度——论企业签约与市场签约［M］．段毅才，王伟，译．北京：商务印书馆，2002.